Kalifornien

Theodor Geus (Text) · Rainer Kiedrowski (Bilder)

**EINSTIEG Land der Träume
und Sehnsüchte**   **4**
Kalifornien fühlt sich bei vollem Bewußtsein keiner Konvention verpflichtet. Optimismus bestimmt das Leben in
dem an Natur und Kultur reichen Land.

**DER NORDEN Wälder, Wein
und wilde Küste**   **14**
Der Norden Kaliforniens ist von der Zivilisation noch wenig berührt. Weite
Wälder versprechen Einsamkeit. Trubel
herrscht dagegen im Weinland Napa
Valley und am Lake Tahoe.

**SAN FRANCISCO Weltreise im
Westentaschenformat**   **26**
San Francisco ist die Erde im Westen-
taschenformat. Unzählige ethnische
Gruppen leben in der munteren Metro-
pole im Schatten der weltberühmten
Golden Gate Bridge.

**NATIONALPARKS Erholung
in geschützter Natur**   **42**
Zahlreiche Reservate schützen die Natur in Kalifornien und dienen Menschen
als Erholungsraum. Besonders Yosemite
ist durch den Tourismus in Gefahr, zu
Tode geliebt zu werden.

**WÜSTEN Schattenspiele
auf Sand und Stein**   **54**
Dreimal so groß wie Nordrhein-Westfalen sind die Wüsten Kaliforniens. Wer
sie besucht, erfährt unendliche Stille
und eine die Phantasie beflügelnde Natur. Menschen leben in klimatisierten
Räumen, Palm Springs leistet sich sogar
den Luxus von Golfplätzen.

**LOS ANGELES Vom Kuhdorf
zum Stadt-Monstrum**   **66**
Niemand weiß genau, wie viele Menschen in L. A. leben – es mögen 12 Millionen sein. Die Metropole ist stets in
Bewegung; nicht nur im Verkehr, der
sich in manchmal fünf Stockwerken
übereinander vorbeischiebt.

**SAN DIEGO Stadt des
ewigen Frühlings**   **82**
In San Diego begannen spanische Franziskaner, das spätere Kalifornien zu kolonisieren. Eine gigantische Image-
Kampagne verhalf der entspannten
Stadt zum Aufschwung.

**HIGHWAY 1 Ritt auf
rollender Brandung**   **92**
Unvergleichliche Natur, lockeres Leben und verrückte Ideen begleiten den
Highway 1: tobende Brandung, ver-
wegene Surfer und das aberwitzige
Hearst Castle.

Karten   **102**
Allgemeine Reiseinformationen   **107**
Register   **113**
Impressum/Vorschau   **114**

EINSTIEG **Land der Träume und Sehnsüchte**

*Es ist ein immer wieder faszinierendes Naturschauspiel,
wenn der Seenebel über die Golden Gate
Bridge zieht. Die landschaftliche Vielfalt von rauhen
Küsten über liebliches Weinland bis zu
heißen Wüsten, das quirlige Leben in den Metropolen
und die entspannte Art der Kalifornier reizen
die in Scharen anreisenden Touristen.*

6

Einsamer Strand bei Salmon Creek

Abendstimmung im Death Valley

Felsen im Joshua Tree National Monument

Bizarre Gebilde aus Tuffstein im Mono Lake

Seltene Pflanzen: die Joshua Trees

Meilenlange Strände, weite Wüsten und dichte Wälder – Kalifornien hat eine große Vielfalt unterschiedlicher Landschaften für jeden Geschmack. Wer durch den südwestlichen Bundesstaat der USA reist, durchquert auch mehrere Klimabereiche: die auch im Sommer manchmal kühle Küste des Nordens, die gemäßigten Temperaturen weiter südlich am Pazifik, die Bergregionen der Sierra Nevada mit gelegentlich früh einsetzenden Schneefällen und die heißen Wüsten.
Viele landschaftlich besonders reizvolle Regionen sind in Nationalparks geschützt.

Der Capitan im Yosemite National Park

An einem heißen staubigen Sommertag, irgendwann in den dreißiger Jahren, bricht der arme Farmer Tom Joad mit seiner Familie von Oklahoma nach Kalifornien auf, um das Glück zu finden. Aber bevor sie alle, der Großvater, die Kinder und die Hunde, auf den klapprigen Wagen steigen, sagt die Mutter: »Ich habe Angst vor etwas, was so schön ist. Ich habe kein Zutrauen. Ich habe Angst, es ist alles gar nicht so schön.« Vielleicht sind die Gefühle von Menschen auf dem Weg nach Kalifornien niemals besser zusammengefaßt worden als in diesem Satz, zu lesen in John Steinbecks Roman »Früchte des Zorns«.

Millionenmal sind vor und nach den Joads Menschen nach Kalifornien aufgebrochen: spanische Conquistadoren, fromme Franziskaner, Abenteurer, Gauner, die Entwurzelten der Alten und der

Landschaft im östlichen Kalifornien

Sequoias im Muir Woods National Monument

Neuen Welt, Junge voller Hoffnung auf eine bessere Zukunft und Alte voller Erwartung auf ein heiteres Lebensende. In der Neuzeit sind Abertausende von Touristen zu ihnen gestoßen, angezogen von dem Mythos eines Landes, das wie kaum ein anderes auf dieser Erde den Abglanz des Gartens Eden verspricht und das in seiner Verfassung von 1848 jedermann garantiert, »Leben und Freiheit zu genießen und zu verteidigen, Eigentum sich anzueignen, zu besitzen und zu schützen, und seinem persönlichen Glück nachzustreben«.

Nirgendwo anders aber ist auch so deutlich geworden, daß nicht alles Gold ist, was glänzt. Als Ende Oktober

1989 in Kalifornien die Erde bebte und in San Francisco Häuser und Brücken einstürzten, erinnerte die Natur für einen jähen Augenblick des Schreckens wieder daran, wie schwankend der Boden ist, auf dem 27 Millionen Menschen leben. Der Staat hat Zeiten tiefer Depression und des anarchischen Chaos erlebt, er hat das schnelle Ende von Goldrausch, Silberrausch, Eisenbahnrausch und des Booms der Computerindustrie ertragen müssen. Und dennoch hat Kalifornien nie aufgehört, Zukunftsland zu sein, in dem große Visionen und Träume geboren wurden – so wie am Anfang seiner Geschichte ein Traum steht.

Phantastische Lügen wurden wahr – Gold!

Ihn träumte der Spanier Garcia Ordonez de Montalvo in seinem Roman »Las Sergas de Esplendian«: »So wisset denn, daß rechter Hand der Indies eine Insel namens California liegt, ganz an der Seite des Irdischen Paradieses, bewohnt von schwarzen schönen Frauen, ohne einen einzigen Mann unter ihnen. Sie leben wie die Amazonen ... In diesem Land gibt es viele Greifen, und ihre Krallen sind mit Gold bedeckt. So verhält es sich auch mit den Brustpanzern dieser wilden Tiere, denn auf der ganzen Insel gibt es kein anderes Metall als Gold.«

Mehr als dreihundert Jahre nach dieser phantastischen Lügengeschichte, in der sich die uralte Suche des Menschen nach dem Dorado ausdrückte, die vor allem in Spanien zur fixen Idee und zur Triebfeder für die großen Expeditionen zur Entdeckung neuer Welten geworden war, geschah das Wunder: An einem Januarmorgen des Jahres 1848 fand James W. Marshall unweit einer Sägemühle am American River bei Sacramento Gold.

Go west: einst Pioniere, heute Industriemanager

Kein anderes Ereignis hatte solche Folgen. Kalifornien, damals ein träges, fast unregiertes Schlaraffenland der Viehzüchter, das gerade nach einem kurzen Krieg mit Mexiko der landhungrigen jungen Nation der Vereinigten Staaten einverleibt worden war, erlebte eine der größten Völkerwanderungen der Neu-

8 zeit. Angelockt durch die Aussicht auf schnellen Reichtum, strömten Abertausende aller Rassen und Nationen in das »Gelobte Land« – mit Planwagen durch die Prärie, durch Wüsten und Berge oder zu Schiff durch den Isthmus von Panama.

In dieser wilden Zeit, in der jeder seine eigene Autorität war, formte sich eine Gesellschaft, deren Charakter bis heute nachwirkt; das Goldfieber, auch wenn es für viele mit Not und Tod endete, prägte das Bild Kaliforniens als das Land der großen Freiheit. Der Run auf das Edelmetall dauerte nur wenige Jahre, und so stürmisch der Spuk begonnen hatte, so schnell war er zu Ende. Doch die Episode genügte, um in aller Welt bekannt zu machen, daß hinter den Gipfeln der Rocky Mountains und der Sierra Nevada eine Insel der Seligen lag, fruchtbar und, begünstigt durch eine fast ewig scheinende Sonne, wie geschaffen für den »Selfmademan«.

Ähnlich wie im alten Europa Italien das Land der Sehnsucht war, wurde Kalifornien nun für die Vereinigten Staaten das Land, in dem die Zitronen blühen. Dabei ist es geblieben: Der alte Ruf »Go west« – einst mit der politischen Absicht, einen Staat zu errichten, der vom Atlantik bis zum Pazifik reichte – gilt immer noch, doch heute folgen ihm weniger die Pioniere als die Industriemanager, die Generation der smarten Young Urban Professionals und die Rentner aus dem kalten Osten.

1576 schrieb der Spanier Bernal Diaz de Castillo: »Wir kamen hierher, um Gott zu dienen und reich zu werden.« Vierhundert Jahre später sagte der Schriftsteller Norman Mailer, in Kalifornien könne man tun, was man fühle. Dies sind die beiden Pole des US-Bundesstaates, und auf sie gründet sich seine magische Anziehungskraft. Heute lebt hier schon jeder zehnte Amerikaner. Das Pro-Kopf-Einkommen ist eines der höchsten der Vereinigten Staaten, das Land ist, isoliert betrachtet, die achtgrößte Wirtschaftsmacht der Welt. Aber von kalifornischem Boden gingen auch jene Ideen-Ströme aus, die die alten Werte erschütterten: Die Generation der Beatniks und Hippies stellte sich in den Sechzigern gegen den kalten Materialismus, und ausgerechnet die Studenten der Muster-Universität Berkely waren die ersten, die den Proteststurm gegen den Vietnam-Krieg ent-

Saloon aus vergangenen Tagen in Rhyolite

Bodie gilt als schönste Geisterstadt Kaliforniens

Die Geschichte Kaliforniens spiegelt sich auch in der Architektur wider. Die Mission Dolores war Ende des 18. Jahrhunderts der Ausgangspunkt für die Gründung San Franciscos; sie ist zudem eines der besterhaltenen Beispiele der Baukunst spanischer Missionare und Kolonisatoren. Teilweise verlassene Städte wie Rhyolite und Bodie erinnern an die Zeit, als Männer im vergangenen Jahrhundert Sand in Bächen auswuschen oder den Boden umgruben auf der Suche nach Gold. Bodie wird als State Historic Park in seinem halbverfallenen Zustand erhalten.

Die Mission Dolores in San Francisco

Alter Laden in Downieville

Das Capitol ist Sitz der kalifornischen Regierung in Sacramento

Auffallend: die Transamerika Pyramide

Unkonventionell: das Horton Plaza in San Diego

fachten. In San Francisco begann zudem die Befreiung der Homosexuellen aus dem Getto einer verachteten Minderheit.

Soziologische Küche hinter gewaltigen Bergen

Es scheint, als wolle dieses Land immer wieder bestätigen, ein exzentrischer Ort zu sein, unvergleichbar mit jedem anderen Bundesstaat der USA und mit dem Selbstbewußtsein einer eigenen Nation. Zu erklären ist das nicht nur aus der Geschichte, die hier Menschen aus aller Welt zusammengeschmolzen hat. Es muß auch das besondere Reizklima sein, das Erscheinungen produziert, wie sie sonst nicht zu finden sind. Exzentrisch ist Kalifornien allein durch seine Lage hinter gewaltigen Bergketten, aber auch durch seine Leistungen und seinen Lebensstil – eine soziologische Küche und ein Laboratorium, in dem unablässig Veränderungen entstehen. Diese nahezu unglaubliche, verwirrende und manchmal sogar erschreckende Kreativität gilt für die Wissenschaft, die hier die ersten Schritte in den Weltraum versuchte, das Zeitalter der Computer und Mikrochips einläutete und sich bei der Gen-Forschung immer mehr in Grenzbereiche vortastet.

Puritaner hatten im Westen keine Chance

Sie gilt aber auch für alle Formen des Daseins. Unbelastet von den Traditionen des puritanischen Ostens und weit weg von der strengen Moral des bäuerlichen Mittelwestens wuchs eine Liberalität, die das amerikanische Prinzip von der Freiheit des Individuums ins Grenzenlose zu erweitern scheint. Was von außen so aussieht, als wäre Kalifornien ein Sammelbecken für alle Verrücktheiten dieser Erde, hat durchaus Methode: Selbstbefreiung und -findung sind nicht modische Schlagworte, sondern Kennzeichen einer Gesellschaft, die sich mit vollem Bewußtsein keiner Konvention verpflichtet fühlt und es sich leisten kann und will, Tagträume zu pflegen.
Zu ihnen gehören aber auch alle Schattenseiten: Nirgendwo sonst in Amerika ist der Drogenkonsum so groß, nirgends gibt es so viele Sekten, so viele Neurosen und so viele Selbstmorde.

Schmuckstand auf dem mexikanischen Markt von San Juan Bautista

Reiten auf den Wellen: Surfer in Malibu

Eleganz: Hochzeit in Santa Barbara

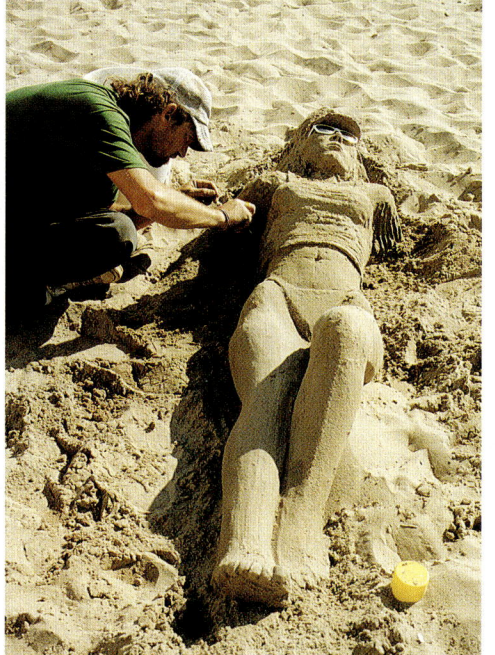

Kunst aus Sand

Goldwäscher im Columbia State Historic Park

In Kalifornien wird Menschen das Recht auf Individualität zugestanden. Skurrile Typen zählen deshalb vor allem in den Großstädten und an der südlichen Küste zum alltäglichen Bild. In manchen Gegenden San Franciscos und in Berkeley sind noch Reste der Hippie-Bewegung aus den späten sechziger Jahren zu beobachten. Ganz anders die jungen Surfer an den Stränden von Santa Cruz oder Malibu, die mit ihren kurzen Brettern auf den Wellen tanzen.

Spät-Hippie im People's Park in Berkeley

Dem grundsätzlichen Optimismus, der den »Californian way of life« bestimmt, tut dies keinen Abbruch. Seit die ersten Trapper die unendliche Weite Amerikas durchquerten und Land hinter den sieben Bergen entdeckten, in dem scheinbar Milch und Honig fließt, ist Kalifornien Endstation für Optimisten geworden, die ihre Unruhe und ihre Lust auf Veränderung bis hierher trugen.

Kalifornien ist stets in Bewegung

Selbst heute noch ist dies zu spüren. Kalifornien ist in unaufhörlicher Bewegung – sei es im Jogging-Trab, auf dem Surfbrett, auf Rollschuhen oder – vor allem – im Auto. Kalifornien ist sinnlich beim Essen und beim Trinken, Kalifornien macht Moden einer neuen Sexualität und eines neuen Körperbewußt-

es mit dem Mount Whitney, vom Mount McKinley in Alaska einmal abgesehen, den höchsten Berg der Vereinigten Staaten und im Death Valley den tiefsten Punkt der westlichen Hemisphäre. Es gibt den ewigen Schnee der Sierra Nevada und die Wüste. Es gibt den größten Obstgarten der Welt und dürre Kakteen, erbarmungslose Hitze und kalten Nebel, und es gibt 3500 Jahre alte Bäume. Vielleicht muß dies so sein in einem Land, das – bei seiner Entdeckung von ein paar hunderttausend Indianern bewohnt war, die im Sommer nackt waren und sich im Winter in Mäntel aus Rinde hüllten – von den Europäern und ihren Kindeskindern radikal verwandelt worden ist.

Dramatische Felstürme und grandiose Inszenierungen

Wer heute nach Kalifornien kommt und sich, wie dieses Heft vorgeht, von Norden nach Süden bewegt, steht vor der quälenden Entscheidung, wem er mehr Bewunderung zuwenden soll: der uralten Schönheit einer von den Wellen des Pazifik umtosten und zerfressenen Küste oder dem von unzähligen Betonadern durchzogenen glitzernden Körper von Los Angeles, den bizarren Monumenten aus Salz am Mono Lake oder der Transamerica-Pyramide in San Francisco, den dramatischen Felstürmen im Yosemite Nationalpark oder den grandiosen Inszenierungen von Hollywood und Disneyland. Die Entscheidung fällt um so schwerer, weil Fülle und Reichtum des Landes täuschen: Die berstende Fruchtbarkeit des San Joaquin-Tals mit riesigen Orangenhainen, Mandeln, Tomaten oder Kürbissen zum Beispiel ist kein Geschenk der Natur, sondern das Ergebnis eines gigantischen Bewässerungssystems.

Applaus für den Balanceakt in Venice

seins, Kalifornien ist neidvoll betrachtetes Vorbild der luxuriösen Lebensart, Kalifornien ignoriert die Gefahr, daß sich der San Andreas-Graben, der sich fast parallel zur Pazifikküste hinzieht, auftun und Städte und Menschen verschlingen könnte, Kalifornien ist Anlaß für die schönsten Phantasien. Viele davon werden wahr, aber vielen Menschen bleiben auch nur ihre Träume. Vielleicht ist der Optimismus zwangsläufig in einem Land, in dem die Natur ihre ganze Schöpfungskraft auf einmal vergeudet zu haben scheint. Hier gibt

Künstliche Bewässerung für Landwirtschaft und Luxus

Die wunderbare Oase von Palm Springs mit Hunderten Swimmingpools und saftigen Golfplätzen würde von einem Jahr auf das andere verdorren, drehte man ihr den Wasserhahn zu. Überall in Kalifornien stößt man auf solche Widersprüche, aber sie sind die Essenz dieses Landes. Es ist verwirrend groß, hat fast die Ausmaße Spaniens, und ist verwirrend vielfältig: manches

12

Kraftakte: Bodybuilder und Zuschauer in Venice

Einst ein ganz normaler Käfer . . .

Bestes Beispiel für Extravaganz ist das Hearst Castle

Immer aufwendiger: Casino in Las Vegas

Kalifornien ist schon lange gut für Verrücktheiten aller Art. Sie finden ihren Ausdruck auch in Form von lustigen und manchmal aberwitzigen Bauten. So wohnen Menschen im Hafen von Sausalito in teils skurrilen Hausbooten.
Scotty's Castle wirkt in der Wüste des Death Valley bereits etwas deplaciert, doch die Krönung des Prunks ist das unvollendete Hearst Castle des Zeitungsmagnaten William Randolph Hearst. In dem Prachtbau in den Küstenbergen wurden ganz unterschiedliche Stilelemente und Epochen zu einem undefinierbaren Konglomerat zusammengefügt.

Hollywood führt die Filmwelt auf

In Sausalito wohnen Menschen auf Hausbooten

Scotty's Castle – Beispiel für frühen Prunk

realistischer Maler schaffen könnte. Darin verwoben sein müßten auch die mexikanische Kneipe in Los Angeles oder in San Franciscos Mission District und die chinesische Garküche, das Märchenschloß des Zeitungsmagnaten William Randolph Hearst, der sich inmitten kahler Berge unweit von San Simeon ein krauses Gemisch aus römischer Antike, Gotik und toskanischem Landhaus bauen ließ, und der Fischerhafen von Morro Bay.

Aber so wie sich surrealistische Bilder der Deutung zu entziehen versuchen, wird wahrscheinlich auch niemand das ganze Kalifornien sehen und begreifen können, zu dem auch mexikanische Wanderarbeiter zählen, die, auf der Flucht vor der Armut in ihrer Heimat und getrieben von der Hoffnung und vom scheinbaren Glanz im nördlichen Nachbarstaat, zu Tausenden illegal über die Grenze kommen.

Der Gegensatz von Arm und Reich, vom Leben in Luxus auf der einen und in Gettos oder unter Brücken auf der anderen Seite, entwickelt sich, wie in anderen Teilen der USA, besonders in den Metropolen zu einem sozialen Sprengstoff, der irgendwann zu explodieren droht.

Umweltschäden sind nicht zu übersehen

Neben der unendlichen Weite der Wüstenregionen und der Wälder des Nordens und der grandiosen Landschaft stoßen aufmerksame Reisende auch auf Zeichen der Umweltzerstörung. Die Industrie und die Ballungszentren fordern ihren Tribut.

Unaufhörlich donnern mit mächtigen Baumstämmen schwerbeladene Lastwagen aus den weiten Wäldern zu den Sägemühlen des Nordens. Geschlagene Bäume werden zwar in der Regel rasch durch Neuanpflanzungen ersetzt, doch sind die Wunden in der Landschaft kaum zu übersehen.

Im Süden hängt über Los Angeles häufig der Smog, unter anderem eine Folge des endlosen Stroms von Autos. Das nordöstlich liegende Land, woher die Metropole ihren Wasserbedarf deckt, verdorrt derweil langsam. Aber dennoch bleibt Kalifornien ein vielfältiges Land, das Urlauber aus aller Welt – ob einzeln oder mit Pauschalarrangement anreisend – rasch in seinen Bann zieht.

Mal im Zustand kindlicher Unschuld, dann wieder bedroht von einer nahe unheimlich perfekten Zivilisation. Dennoch läßt es den Menschen, wenn er es wagt, die Geborgenheit durch Klimaanlagen und Highways zu verlassen, spüren, wie gewalttätig und gefährlich immer noch der Schneesturm, der Gewitterregen und die sengende Sonne sein können.

Mickey Mouse, Märchenschloß und mexikanische Kneipe

Amerika, so heißt es, sei alles, was man sehen kann. Vielleicht mag das Auge ausreichen für Maryland, Texas oder New Mexiko. Für Kalifornien aber braucht man alle Sinne, um der ungeheuerlichen Verführung dieses Landes gerecht zu werden; der Verführung des Geschmacks, des Geruchs und des Gefühls, die weit über die Klischees hinausreichen.

Zu Kalifornien gehören Marylin Monroe und Mickey Mouse, Hewlett-Packard und Ronald Reagan, der »Teufel« Manson und die sanfte Stimme von Joan Baez, die Blumenkinder, die Beach Boys, die schönen Mädchen und jungen Athleten; der Narzißmus scheint dort zu Hause zu sein. Doch dies sind allenfalls Bruchstücke eines Gemäldes, das eigentlich nur ein sur-

Wälder, Wein und wilde Küste

*Sanft durchpflügt die Tahoe Queen das blaue Wasser
des Lake Tahoe. Während der Tourismus
die Ufer des Sees beherrscht, erwarten Reisende im
übrigen Norden vor allem einsame Wälder
und eine rauhe Küste. Dort liegt das vielbesungene
Mendocino. In der Old Town von Sacramento
wird die Geschichte wieder lebendig (kleines Bild).*

Hauptsitz der Sterling Winery

Russischer Stil: Holzkirche in Fort Ross

Zum Probieren: kalifornische Weine

Auswahl der Charles Krug Winery

Beringer Winery, wie im Rheingau

Östlich von Santa Rosa erstreckt sich im Napa County das Weinland Nordkaliforniens. Kellereien, Restaurants und Feinschmeckerlokale liegen in dieser ländlichen Region eine Fahrstunde von San Francisco eng beisammen. In St. Helena, dem wichtigsten Ort der Region, befinden sich allein 40 Kellereien in alten Steinhäusern. Seinen Ursprung nahm der kommerzielle Weinanbau Mitte des 19. Jahrhunderts, als der ungarische Flüchtling Graf Agoston Haraszthy in Buena Vista die ersten europäischen Rebsorten anpflanzte. Viele der Weine tragen noch heute die ursprünglichen Namen.
An der Küste ist Fort Ross eine originalgetreue Nachbildung der russischen Siedlung aus dem 19. Jahrhundert. Wer von ihr auf der Küstenstraße 1 in Richtung Norden fährt, stößt nach wenigen Meilen auf Mendocino.

Fast scheint es so, als müßte dieses Stück Kaliforniens erst noch entdeckt werden, so still und einsam kann es hier sein. Es ist das Land der Fischer, Farmer und Holzfäller, der Menschen, die schweigsam und zäh mit den Elementen kämpfen: mit dem Sturm, der die Wellen an die zerklüftete Küste schlägt, mit der Hitze des Sommers und dem frühen Winter, der über die unendlichen Wälder fällt. Ganz anders als im sonnigen Süden, in dem der Mensch seine ganze Kraft entfaltet, ist es hier die Natur, die das Leben bestimmt.

Der Norden Kaliforniens ist von dem großen Reisestrom bisher weitgehend unberührt geblieben, trotz seiner her-

Alte russische Siedlung Fort Ross

Westküsten-Häuschen in Mendocino

ben Schönheit und den vielen Spuren der Vergangenheit. Um so mehr hat dieses Land die Stadtflüchtigen, die Künstler und die Alternativen angezogen, die Abschied genommen haben vom Konsumrausch und der Hektik der Großstädte – und die zum Ärger der Regierung in der Abgeschiedenheit manchmal ihre Marihuana-Pflanzen pflegen. Gleich hinter San Francisco beginnt dieses grüne Stück Erde. Es reicht bis

Der alte Dodge läuft wie geschmiert

zur Grenze von Oregon, eingerahmt vom Pazifik und der Sierra Nevada. Noch immer hausen Bären hier, und noch immer gibt es undurchdringlichen Wald, obwohl die Baumgiganten der Sequoia sempervirens mehr als ein

Eine russische Liebe

Es war das Jahr 1806, als das russische Schiff Juno in die Bucht von San Francisco einfuhr. An Bord war der Staatsrat des Zaren, Nicolas Petrovitsch Rezanow. Er wollte Pelze eintauschen gegen Nahrung für die hungernden russischen Siedler von Sitka im fernen Alaska, aber er war auch in geheimer Mission unterwegs: Rußland suchte nach Wegen, um bis zu den warmen Küsten am Pazifik vorzudringen. Die Aussichten waren gut. Rezanow konnte nach Petersburg schreiben, es sei leicht, sich hier festzusetzen und das Land für immer zu behalten, da das spanische Mexiko nicht in der Lage sei, die ferne Provinz zu verteidigen.

Der Staatsrat war im Hause des spanischen Kommandanten von Yerba Buena gastlich aufgenommen worden, und hier begegnete er dessen Tochter, Maria de la Concepcion Marcella Arguello. Die kleine »Concha« war gerade fünfzehn Jahre alt, aber schon eine Schönheit. Hals über Kopf verliebte sich der Russe, fünfundvierzig Jahre alt, in Maria, und zum Entsetzen der Eltern beschlossen beide, zu heiraten.

Der wackere Katholik Don José Arguello aber gab so leicht nicht nach. Er verlangte von seinem zukünftigen Schwiegersohn den Übertritt zum römischen Glauben; die Erlaubnis sollte er sich beim spanischen König und beim Papst selbst holen.

Zwei Jahre hätte Rezanow für diese Reise um die halbe Welt gebraucht. Dennoch brach er guten Mutes auf, segelte nach Sitka, erreichte die sibirische Küste und jagte zu Pferd und mit dem Schlitten durch eisige Winterstürme gen Petersburg. Völlig entkräftet und vom Fieber geschüttelt, kam er nach Irkutsk. Vier Monate war er nun schon unterwegs. Gegen den Rat der Ärzte brach er nach zwei Wochen Krankenlager von hier wieder auf, doch das Schicksal ereilte ihn wenig später. Bei einem Sturz vom Pferd wurde er in der Nähe des Ortes Krasnojarsk von einem Huf am Kopf getroffen und starb – weit von seiner geliebten Concha, die sehnsüchtig auf ihn wartete. Als Nicolas Rezanow nicht kam, ging sie ins Kloster, wo sie ihr Leben beschloß.

Wenige Jahre besiedelte eine Handvoll russischer Abenteurer das kleine Fort Ross am Russian River, bis es sie Mitte des 19. Jahrhunderts wieder fortzog. Der Zar hatte seine Getreuen längst vergessen.

Jahrhundert lang erbarmungslos gefällt wurden. Nachdem ganz Minnesota kahlgeschlagen worden war und als nach dem Bau der transkontinentalen

Auf dem Weg zur Sägemühle: Holzlaster auf dem Highway 101

An der Bodega Bay drehte Hitchcock die »Vögel«

Picknick mit Möwe am Point Reyes National Seashore

Point Reyes: Wohnen über dem Wasser

Alte Architektur: klassizistisches Haus . . .

Eureka ist das Tor zu den Redwood-Wäldern Nordkaliforniens. Im Redwood National Park entlang dem Highway 101 sind sie unter Schutz gestellt; die Avenue of the Giants trägt ihren Namen zu Recht: Die bis zu 2000 Jahre alten Sequoias wachsen manchmal über 100 Meter hoch. Der größte Baum wurde 1963 von der renommierten National Geographic Society mit 112,1 Metern gemessen. Die Wurzeln der Redwoods graben sich zwar nur drei bis vier Meter in den Boden, erstrecken sich dort jedoch auf bis zu 600 Quadratmetern.

. . . und »Märchenschloß« in Eureka

meilenweit nur Strand bei Point Reyes

Eisenbahn die Transportprobleme gelöst waren, begann der Osten Ende des 19. Jahrhunderts, seinen unersättlichen Bedarf an Bauholz mit Hilfe des Westens zu decken.

Damals begann die Vernichtung der weit über 100 Meter hohen und bis zu 2000 Jahre alten Baumriesen. Heute sind die Reste der Sequoias und Redwoods in Parks geschützt. Voller Ehrfurcht vor der Natur blicken Reisende zu ihnen hoch oder bestaunen die Jahresringe gefallener Bäume. Sie geben Aufschluß über Katastrophen wie Feuer oder Überflutungen vor manchmal Hunderten von Jahren. Außerhalb der Nationalparks dienen die Riesen dem

Fahrt durch den Redwood-Baum bei Leggett

Tourismus: Entlang manchen Straßen reihen sich »einmalige« Baumtunnel aneinander, in die Bäume geschlagene Löcher in Straßenbreite.

Endlos dehnen sich Rebgärten vor den Bergen

Bevor man in die vielerorts noch unberührte Wildnis der Cascades eindringt, begegnet einem das Wine Country mit dem Napa Valley, dem Sonoma Valley und dem Valley of the Moon. Schier endlos dehnen sich die Rebgärten, ein helles Grün vor den graubraunen Ketten der Mayacama- und Howell-Berge. Napa heißt in der Sprache der Indianer Fülle. Heute ist hier eine gigantische Weinindustrie entstanden, die mit modernsten Methoden Abertausende Hektoliter billigen Tischweins und edelsten

Rebensaftes produziert, die ohne weiteres mit den besten Tropfen aus Europa konkurrieren können.

Wein für Gottesdienste und als Liebhaberei

Dabei hatte der Anbau von Reben eher bescheiden begonnen. Die ersten Trauben wurden von den Mönchen der Mission San Francisco de Solano in Sonoma gekeltert, weil der Nachschub für Meßwein auf sich warten ließ. Der junge Kommandant »für alle Gebiete nördlich der Bucht von San Francisco«, Mariano Guadalupe Vallejo, ließ Wein dagegen allein als Liebhaberei anbauen. Der Aufschwung begann erst, als der ungarische Flüchtling Graf Agoston Haraszthy 1857 Buena Vista, die erste kommerzielle Weinkellerei, gründete. Andere Europäer folgten ihm nach: Charles Krug, die Brüder Beringer, die Grafen La Tour. Sie wurden die Urväter mächtiger Dynastien, und sie bauten sich phantastische Burgen und Schlösser wie in ihrer alten Heimat, die wie eine Fata Morgana auf den Hügeln des Weinlandes thronen.

Eine düstere Zwingburg erinnert an die Besiedlung

Aber es sind hier auch noch andere Erinnerungen zu finden. Hoch über dem Städtchen Petaluma liegt die Casa Grande, ein Rest der düsteren Zwingburg aus der Zeit der ersten weißen Besiedlung. In Sonoma zeugen der Paradeplatz für die mexikanischen Soldaten und die übriggebliebene kleine Kapelle der nördlichsten Franziskaner-Mission von dem Zusammenstoß weltlicher und kirchlicher Macht, und nicht weit davon stehen im Tal des Mondes die Ruinen des »Hauses der glücklichen Wände«, das sich Jack London, der große Erzähler der amerikanischen Wildnis und der wüsten Epoche des Goldrausches, bauen wollte. Er hat die Verwirklichung seines Traumes nicht mehr erlebt, aber er ist hier im Schatten der Eichen begraben.

Sonoma ist übrigens noch aus anderen Gründen ein historischer Ort, denn auf der Plaza hißten im Juni 1846 ein paar amerikanische Siedler die Flagge mit einem schwarzen Bären und einem roten Stern, das stolze Zeichen der »Republik Kalifornien«. Nur drei Wochen später

Unter der Erde brodelt es: der Lassen Volcanic National Park

Landschaft am Lassen Volcanic National Park

Dampfmühle der Goldmine bei Weaverville

Wanderung am Mount Lassen

Erholung am Manzanilla Lake

Einsame Wälder erwarten Reisende im Binnenland Nordkaliforniens. Kleine Orte erinnern an die Zeit des Goldrausches im 19. Jahrhundert. Den Namen des dänischen Siedlers und Schmiedes Peter Lassen trägt der Lassen Volcanic National Park, eine vulkanische Region östlich der Stadt Redding.

In den Jahren 1914 und 1915 verwüsteten mehrere Eruptionen des Lassen Peak die Region; obwohl niemand weiß, ob der Vulkan noch einmal ausbrechen wird, kann er heute bestiegen werden.

Hübscher Ort am Bach: Downieville

Erinnerung an alte Zeiten in Downieville

wehte dort das Sternenbanner am Mast, aber das kalifornische Selbstbewußtsein lebt noch heute ein wenig von dieser kurzen Episode.

Die Erdspalte ist ein beliebtes Ausflugsziel

Es ist nicht leicht, sich von diesem paradiesischen Garten mit seinem gleißenden Licht und seiner Blumenfülle loszureißen und die Pazifikküste anzusteuern. Einen größeren Gegensatz kann es fast nicht geben, denn an der Küste wird das dramatische Aufbäumen des Landes gegen das Meer deutlich. Der grandiose Auftakt ist nördlich von San Francisco die Point Reyes National Seashore, eine weit in den Pazifik ragende Felszunge, wohl einmal Landmarke für die Entdecker Sir Francis Drake, Sebastian Cermeno und Sebastian Vizcaino.

Panorama des Lake Tahoe

Rinderherde, ein Bild wie im Western

Heute ist die Halbinsel, wo einst die Miwok-Indianer lebten, ein Naturschutzgebiet, das gerade noch rechtzeitig vor Grundstücksspekulanten und Ölfirmen bewahrt wurde. Point Reyes – direkt auf dem San-Andreas-Graben gelegen – ist heute ein beliebtes Ausflugsziel für Großstädter aus San Francisco und ein Refugium für Tiere wie die Caribous, eine Art Rentier.

Bodega Bay – Hitchcock drehte dort die »Vögel«

Von hier beginnt sich die Küstenstraße bergauf und bergab nach Norden zu schlängeln, immer wieder den Blick freigebend auf die See, auf Klippen und Höhlen. Über ihnen schweben große, weiße Reiher und Schwärme von Rabenkrähen – Hauptdarsteller in dem Film »Vögel«, den Alfred Hitchcock hier an der Bodega Bay drehte.

Orte sind an dieser Straße dünn gesät. Manche haben noch alten Charme, doch die meisten verwandeln sich langsam in typische amerikanische Kleinstädte mit Supermärkten und Tankstellen: wie Fort Bragg, in dem die Sägespäne durch die Straßen fliegen. Oder wie das vielbesungene Mendocino, das inzwischen überfüllt ist von echten und falschen Künstlern und deren Jüngern, und das bezaubernd viktorianisch-altmodische Ferndale; schließlich Eureka, das sich zu einer Industriestadt entwickelt. Von hier aus sind es noch einmal ein paar tausend Kurven bis Crescent City und dem Paradise Valley an der Grenze zu Oregon, das im Frühling zu einem Meer von Apfelblüten wird.

Auf dem heiligen Berg passiert gar Wundersames

Fast menschenleer ist die Wildnis, die sich nach Osten hin erstreckt. Freilich nur fast, denn qualmende Mack- und Kenworth-Lastwagen schleppen unaufhörlich Baumstämme an die Küste. Ihr Getöse dringt bis in die Schluchten mit hastig sprudelnden Bächen. Dies ist das Land der Legenden, die nirgendwo eine deutlichere Gestalt erhalten als im Mount Shasta, dessen schneebedeckter Kegel alle anderen Gipfel überragt. »Einsam wie Gott und weiß wie der Wintermond«, nannte der Naturforscher Joaquin Miller den heiligen Berg der Indianer.

Wundersames soll sich hier zutragen: Manche haben außerirdische Raumschiffe landen sehen, andere die Glocken einer unterirdischen Stadt gehört und kosmische Ströme gespürt. Geschichten wie diese mögen ein Echo der unbegreiflichen Kräfte der Erde sein, die Gestein aufbrechen und Feuer und Asche ausspeien. Schon die Indianer erzählten von »brennenden Bergen« in dieser Gegend, von Vulkanen, die erst in jüngster Zeit erkalteten. Rund um den Mount Lassen, dem zum Nationalpark erklärten zweiten großen weißen Berg, faucht und zischt es noch immer.

Tiefer Wald begleitet Reisende weiter auf dem Weg nach Südosten, vorbei an

Kuppel des Capitols in Sacramento

Geschäftshaus in der Innenstadt von Sacramento

Tomatenernte im St. Joaquin Valley

Häuser in der Old Town

Feld mit Spargelkraut im St. Joaquin Valley

Palmen säumen den Vorplatz des Capitols in Sacramento, des weißgetünchten Regierungssitzes von Kalifornien. In der restaurierten Old Town der Hauptstadt, in Sutter's Fort und in den umliegenden Orten wird die Geschichte des Wilden Westens wieder lebendig. So wurde Columbia, zur Zeit des Goldrausches eine quirlige Stadt, wieder hergerichtet und lockt heute als State Historic Park die Touristen an. Für sie halten vor der Station der Wells Fargo Co. wieder die Postkutschen.

So funktioniert's: Tips fürs Goldwaschen

Das alte Sacramento wurde restauriert

Bei Brady gibt es so gut wie alles zu kaufen

Galgen kamen, oder das sagenhaft reiche Mokelumne Hill sind klingende Namen; die Geschichte jedes dieser Orte ist voll von schaurigen und heiteren Anekdoten. Dann und wann sieht man immer noch Männer mit Hacke und Pfanne auf der Jagd nach einem Glück, das längst Vergangenheit ist. Nur mühsam lassen sich heute die Spuren der Vergangenheit lesen – in rührend kleinen Museen, aus verlassenen Minen und windschiefen Geisterstädten –, aber fast nichts mehr erinnert an die Schicksale der vielen Namenlosen, die zwischen den Mühlsteinen der Hoffnung und der Enttäuschung zerrieben wurden.

Die Hauptstadt war einst Zentrum des Goldrausches

Auch in Sacramento, wo alles angefangen hat, muß man sich mit Rekonstruktionen begnügen. Hier steht Sutter's Fort, das »New Helvetia« einer der faszinierendsten Gestalten des frühen Kalifornien. Wer fragte in der Anarchie der Entdeckung schon nach der Vergangenheit eines Bankrotteurs, der vor seinen Gläubigern in die Neue Welt fliehen mußte. Dem Schweizer Johann August Sutter jedenfalls gelang es, dem mexikanischen Gouverneur 20 000 Hektar Land abzuschwatzen und ein Imperium mit Tausenden von Rindern, Schafen und Pferden, Hunderten von Arbeitern, Feldern und Läden zu errichten.

Sutter wurde zum ungekrönten Kaiser von Kalifornien, und seine Macht schien ins Unermeßliche zu wachsen, als einer seiner Arbeiter das erste Gold entdeckte.

Die Indianer hatten ihn gewarnt, daß das blinkende Metall eine schlechte Medizin sei. Diese weise Einschätzung wurde bald Wahrheit, als es nicht mehr möglich war, den sensationellen Fund geheimzuhalten. Tausende von Goldsuchern stürzten sich auf sein Land, sein Reich zerbrach unter dem Ansturm wüster Horden, und aus seinem Fort wurde Sacramento, Umschlagplatz für Menschen und Material, ein Ort des Verbrechens und der Prostitution.

Sutter starb 1880 in Washington, wo er vergebens um seine Rechte gekämpft hatte. Aus dem berüchtigten Sacramento ist eine große, wohlhabende und hübsche Stadt geworden mit einem prächtigen Capitol.

unscheinbaren Orten und Landstädten wie Redding, das am Rand des landwirtschaftlich genutzten Sacramento-Tals liegt. Viele Meilen später geben die Bäume plötzlich den Blick frei auf die blaue Fläche des Lake Tahoe. »Das Wasser glänzte so hell und klar wie das Silber, nach dem in der nahen Comstock-Ader geschürft wurde«, schrieb einst Mark Twain.

Etwas von seinem Zauber ist dem See immer noch erhalten, auch wenn aus ihm ein touristisches Zentrum geworden ist: im Sommer für Wassersportler und im Winter für Skifahrer, die sich auf den Pisten des Olympiaorts Squaw Valley, des Heavenly Valley, in Alpine Meadows, Sugar Bowl oder North Star tummeln.

Bösewichter kamen in Hangtown rasch an den Galgen

Am kalifornischen Ufer liegt heute ein Villen-Refugium der Reichen und am anderen Ufer in Nevada eine große Spielhölle mit Hotels und Casinos.

Am Lake Tahoe könnte man Rast machen, wenn es einen nach so viel Natur nicht wieder auf die Stadt gelüstet, die Hauptstadt Kaliforniens, Sacramento. Auf der Fahrt dorthin wird eine andere Legende lebendig. Hier wurde das Land ein zweites Mal entdeckt durch das Zauberwort Gold. Sonora, Eldorado, Placerville, das einmal Hangtown hieß, weil hier Bösewichter schnell an den

Muir Woods

National Monument mit mächtigen Redwood-Bäumen.
Anfahrt: Über die Highways 101 und California 1, 20 Kilometer nördlich von San Francisco (Golden Gate Bridge). Kein öffentlicher Nahverkehr, aber organisierte Ausflüge ab San Francisco.
Unterkunft: Nicht direkt beim National Monument, sondern etwas östlich in Sausalito, dort auch Jugendherberge.
Information: Im Visitor Center.

Point Reyes

Die Halbinsel nördlich von San Francisco ist ein Refugium für Seevögel und Großwild. Die National Seashore ist ein beliebtes Ausflugsziel.
Anfahrt: Von San Francisco über die Highways 101 und California 1 knapp 50 Kilometer in Richtung Norden.
Sehenswürdigkeiten: Der 1,2 Kilometer lange Erdbebenwanderweg. Schön der Leuchtturm am Ende eines kilometerlangen Strandes. Interessant die Nachbildung eines Indianerdorfes. Viele Wanderwege.
Unterkunft: Auf der Halbinsel vier einfache Campingplätze, die nur zu Fuß zu erreichen sind, und eine Jugendherberge. Hotels und Motels in größeren Orten der Umgebung.
Information: Am Eingang sowie an zwei weiteren Orten des Parks.

Napa Valley

48 Kilometer langes Tal und Hauptanbaugebiet für kalifornischen Wein.
Anfahrt: Das Napa Valley liegt nördlich von San Francisco und ist mit dem Auto oder Bus zu erreichen. Organisierte Fahrten ab San Francisco.
Sehenswürdigkeiten: Über 100 Weinkellereien, darunter die aus der Fernsehserie »Falcon Crest« bekannte Martiny Winery mit der Villa Miravelle. Der Robert Louis Stevenson Memorial Park, Erinnerung an den Schriftsteller.
Unterkunft: Auswahl vor allem in den Städten Napa und Santa Rosa, aber auch im Napa Valley. Vorausbuchen!
Ausflüge: In den 20 Kilometer westlich gelegenen Ort Sonoma mit Resten der Mission San Francisco Solano, dem Haus des letzten mexikanischen Gouverneurs Vallejo und Garnisonsgebäuden. Nahe der Ortschaft Glen Ellen der

Jack London State Park mit dem Grab des Schriftstellers.
Information: Das Chamber of Commerce: in Napa 1900 Jefferson Street, in Sonoma 453 First Street East.

Mendocino

Von neuenglischen Holzfällern gegründetes Städtchen an der Pazifikküste.
Anfahrt: Über die Küstenstraße California 1, 270 Kilometer nördlich von San Francisco.
Sehenswürdigkeiten: Das alte Ortsbild mit victorianischen Häusern und weißgetünchten Kirchen ist gut erhalten. Das nachmittags geöffnete Kelly House Historical Museum in der Albion Street.
Unterkunft: Reizvoll ist die Übernachtung in einem der alten Bed and Breakfast Inns, etwa im McCallum House.
Ausflüge: Um Mendocino gibt es an der Küste etliche State Parks mit Camping- und Picknickplätzen. Gut 100 Kilometer südlich liegt Fort Ross, 1812 als russische Siedlung gegründet und jetzt ein restaurierter State Historic Park. 19 Kilometer nördlich ist Fort Bragg Endstation der bei Touristen beliebten Holzfällerbahn Skunk Railroad, die täglich in das 55 Kilometer entfernte Willits fährt. In Fort Bragg ein Loggingmuseum.

Eureka

Alte Küstenstadt nördlich von San Francisco beim Redwood National Park.
Anfahrt: Auf dem Highway 101. Wird von Greyhound-Bussen bedient.
Sehenswürdigkeiten: Das Carson House mit schöner viktorianischer Fassade und weitere schöne Gebäude sowie der Campus der Humboldt State University. Im nahegelegenen Ferndale

Die Holzindustrie sichert Arbeitsplätze

die größte Sägemühle der Welt. Die Avenue of the Giants führt der Highway 101 bis Crescent City durch den Redwood National Park; bis zu 112 Meter hohe und bis zu 2000 Jahre alte Sequoias säumen die Straße.
Unterkunft: Hotels und Motels in Eureka und der Umgebung; im Nationalpark vier Campingplätze; Jugendherberge in Klamath.
Information: Über den Redwood National Park bei Orick.

Lake Tahoe

Region mit viel Fremdenverkehr an der Grenze zu Nevada. Zentrum ist der Ort South Lake Tahoe.
Anfahrt: Mit dem Auto und dem Greyhound-Bus gut zu erreichen. Mit dem Flugzeug nach South Lake Tahoe oder nach Reno, von dort mit dem Bus.
Sehenswürdigkeiten: Der 507 Quadratkilometer große See; der Olympiaort Squaw Valley. Die Ponderosa-Ranch aus der Fernsehserie »Bonanza«.
Unterkunft: Viele Hotels, Motels, Campingplätze. Am Wochenende oft ausgebucht. Jugendherberge in Truckee.
Ausgehen: Große Auswahl an Restaurants. Shows in den Spielkasinos im benachbarten Stateline (Nevada) und in Reno; dort auch billige Mahlzeiten.
Sport: Wanderungen, Wassersport und im Winter Ski-Langlauf und -Abfahrt.
Ausflüge: Mit Dampfern von South Lake Tahoe über den See; nach Reno; in die Minenstädte des letzten Jahrhunderts Carson City und Virginia City. Organisierte Ausflüge mit Gray Line.
Information: South Lake Tahoe Visitors Bureau an der US 50. In Reno Chamber of Commerce, 133 North Sierra Street.

Sacramento

Die Hauptstadt Kaliforniens.
Anfahrt: Mit dem Auto, Zug, Greyhound-Bus oder Flugzeug.
Sehenswürdigkeiten: Das Capitol (Regierungssitz); das Crocker Art Museum mit europäischer Malerei des 18. und 19. Jahrhunderts (montags geschlossen); renovierte Häuser der Old Town am Fluß; das Sutter's Fort mit dem State Indian Museum (täglich 10 bis 17 Uhr).
Unterkunft: Reiche Auswahl, auch Jugendherberge.
Information: Visitors and Convention Bureau, 1131 3rd Street.

Gepflegtes Relikt: altes Haus in Eureka

Blick auf den Lake Tahoe

Im Lassen Volcanic National Park

Dieser Redwood-Baum war einst eine mächtige Pflanze

Capitol in Sacramento

Nordkalifornien präsentiert Reisenden ein Kontrastprogramm zum Tourismus des Südens. Die rauhe Küste und die weiten Wälder des Binnenlandes bieten ihnen die wohl größten Faszinationen Nordamerikas: den weiten Raum und die imposante Natur. Beeindruckend sind vor allem die Redwood-Bäume, die in Nationalparks teilweise geschützt sind und der Nachwelt so erhalten bleiben.
Kultur wie Theater und Konzerte sind im Norden kaum zu erwarten, jedoch sind Ausflüge in die Geschichte Kaliforniens möglich.

Blütenpracht im botanischen Garten von Mendocino

Bei der Fahrt mit der Cable Car hinunter zum Hafen fällt
der Blick auf die Gefängnisinsel Alcatraz,
wo einst berühmte Gangster wie Al Capone einsaßen.
San Francisco ist die Welt im Westentaschenformat,
viele ethnische Gruppen sind dort zu Hause.
Chinatown (kleines Bild) mit 75 000 Einwohnern
ist eine Stadt in der Stadt.

SAN FRANCISCO Weltreise im Westentaschenformat

Unterhalb der Golden Gate Bridge: Palace of Fine Arts

Spaß für Kinder am Eingang des Aquariums

Ausspannen im Golden Gate Park

Wahrzeichen der Stadt: die Golden Gate Bridge

Amerikanischer Stil: japanisches Hochzeitspaar

In San Francisco findet der Lebensstil der nordamerikanischen Westküste seinen Ausdruck. Die Metropole, Schmelztiegel ethnischer Gruppen wie kaum eine andere Stadt, gewährt Menschen Freiraum und Möglichkeiten der Entfaltung. Das Wahrzeichen San Franciscos ist die rot gestrichene Golden Gate Bridge, die sich seit 1937 über der Einfahrt zur Bucht von San Francisco erhebt. Ein Schauspiel besonderer Art erleben Besucher, wenn sich der Seenebel an vielen Nachmittagen über die Brücke legt.

Skyline von Downtown San Francisco

Straßenmusikant im Golden Gate Park

Pagodenhaus im japanischen Garten

Manchen hilft nur der Vergleich, um diese Stadt zu beschreiben. San Francisco, sagen die einen, wäre wie Hongkong. Andere sind der Ansicht, sie sei wie Rio de Janeiro. Ganz falsch liegt niemand, denn die Stadt hat das Gewimmel einer asiatischen Metropole, die südamerikanische Leichtlebigkeit und zudem mediterrane Ansichten. Aber sie ist auch amerikanisch, und das erst macht sie unverwechselbar.

Das verführerische Klima weckte den kreativen Geist

Vielleicht wäre San Francisco nur die Kopie irgendeines Ortes in Europa geworden – eine Zeitlang hätte hier, historisch betrachtet, ebenso ein zweites Madrid wie ein zweites Petersburg entstehen können –, wenn nicht die jungen Vereinigten Staaten bis hierher vorgedrungen wären. Daß die nordkalifornische Metropole dennoch nur wenig mit einer typischen amerikanischen Stadt gemeinsam hat, liegt an einem seltsamen Zusammenspiel von Natur und Schicksal: dem geplanten Schachbrettmuster als der einfachsten und praktischsten Lösung urbaner Konstruktion stemmten sich 42 Hügel entgegen, und das verführerische Klima weckte mehr den kreativen Geist als nüchterne, zweckmäßige Energien. Die Menschen, die es auf der Suche nach Glück und Freiheit nach Westen getrieben hatte, waren entschlossen, beides festzuhalten und zu leben.

Es ist dieser Traum vom unbeschwerten Leben, der die Stadt jedes Jahr zum Ziel von drei Millionen Touristen macht. Sie werden angelockt von der wunderbaren Lage zwischen dem Ozean und sanften Buchten auf einem Stück Erde, das erstarrten Wellen gleicht – Berg und Tal, die immer wieder die herrlichen, überraschenden Durch- und Ausblicke schaffen. Und sie werden angezogen vom amerikanischen Ideal des Schmelztiegels, der Menschen aller Rassen und Nationen zusammenführt.

Für Chinesen Dim-Sum, für Japaner Sushi-Bars

In der Tat läßt kaum eine andere Stadt fast jeden Fremden ein Stückchen Heimat wiederfinden, und sei es auch nur in der Küche. Europäer erinnert der Duft italienischer – und inzwischen sehr amerikanischer – Pizza und deutschen Sauerteigbrotes an die Alte Welt. Ein Hauch Japan ist durch die vielen, in jüngster Zeit modisch gewordenen Sushi-Bars vertreten. An allen Ecken findet der Amerikaner Fast-Food in den Hamburger-Stationen, und in Chinatown riecht es nach Dim-Sum und exotischen Gewürzen.

Das Viertel der Chinesen, mit 75 000 Einwohnern die größte »Stadt« außerhalb Chinas, ist aber auch ein Beweis dafür, wie diese Bevölkerungsgruppe lange Zeit dem Zwang der Integration trotzte und die eigene Kultur und Sprache beibehielt. Wer die Chinatown in der Innenstadt durch die Gateway Arch, ein verziertes Tor, betritt, findet sich in einer anderen Welt wieder; Spiegelbild des Alltags auf einem anderen Kontinent. Nicht wenige Restaurants und Geschäfte geben ihre Angebote nur in chinesischer Sprache preis.

Ein Reiz der Stadt ist zudem die seit der Gründung bewahrte Liberalität. Das Prinzip, daß jeder seines Glückes Schmied sei und sich jeder seine eigene Seligkeit suchen dürfe, hat immer den Lebensstil der Stadt bestimmt, und das wirkt heute nach. Und außerdem sind da noch das eigenartige Licht, das Spiel des Nebels in der Bucht und an der Golden Gate Bridge, die liebevoll gehüteten altmodischen Häuserfronten, die Musik.

Der Mythos San Francisco setzt sich aus vielen Teilen zusammen, und so wie ein Kaleidoskop bei jeder Drehung ein neues Bild entstehen läßt, liefert auch

Hastings College im Art-Deco-Stil

Alt und neu: Häuser an der Steiner Street vor der Skyline

Begegnung in der Häuserschlucht

Trittbrettfahrer auf der Cable Car

Die Cable Car ist ein liebevoll gepflegtes Relikt San Franciscos. Auf drei Linien sind die Schienenfahrzeuge aus Holz noch unterwegs; an ihren Endhaltestellen werden sie auf Drehscheiben gewendet. Vor allem Touristen nehmen Warteschlangen in Kauf, um mit einem der Cable Cars hügelauf und -ab zu fahren. Die Steigungen der Stadt werden in der Lombard Street besonders deutlich. Dort ist die abwärts führende Fahrbahn in Serpentinen angelegt, und natürlich zählt es zum Besuchsprogramm, zwischen den kurzgeschnittenen Hecken langsam hinunter zu rollen.

Straßenmusikanten an der Market Street

Herausgeputzt: die steile Lombard Street

Fahrten mit der Cable Car sind begehrt

diese Stadt immer wieder neue Einsichten. Daher vor allem mag es kommen, daß die Begegnung mit San Francisco für viele zu einer Liebesaffäre wird – mit stürmischer Zuneigung, manchem Herzklopfen und der Ahnung des unausweichlichen Trennungsschmerzes. Doch so leicht ist die erste Umarmung nicht. Manchmal sieht es so aus, als ließe in San Francisco, der Stadt der Frühlingswärme, die Kraft nach, sich in einer erkaltenden Welt zu behaupten. Wer sich vom International Airport her nähert, sieht zuerst eine Skyline aus Glas, Stahl und Beton. 1986 haben die Bürger zwar erkämpft, daß San Francisco nicht mehr grenzenlos in die Höhe wächst, aber seit die amerikanische Industrie nach Westen gewandert ist, gelten auch hier die harten Regeln des Big Business. Mitgebracht wurde außerdem eine neue Generation erfolgshungriger Menschen. Die eleganten jungen Männer und Frauen, die Young Urban Professionals – kurz Yuppies genannt –, haben nichts mehr gemein mit den Blumenkindern der sechziger Jahre, die sich mit unschuldiger Naivität aus der Wirklichkeit in ihre Träume flüchteten.

Ein Musical mit menschlicher Tragik

Wer sich der Stadt nähert, sieht auch die armen Randbezirke, als sei die Fähigkeit verlorengegangen, Menschen ohne Fragen nach ihrer Herkunft und nach ihren Motiven aufzunehmen und ihnen die gleichen Chancen zu geben. Dies gilt vor allem für Mexikaner, lateinamerikanische Flüchtlinge und Legionen von Heimatlosen aus den gequälten Ländern Asiens, aus Vietnam, Kambodscha, den Philippinen, die heute die Rolle der Diener übernehmen.

Früher war diese Position den Chinesen zugefallen, doch sie haben mit lächelnder Zähigkeit längst die geduldete Existenz überwunden – als eine neue Intelligenz und eine neue Schicht von Geschäftsleuten, die die amerikanische Lektion gründlich gelernt und verstanden haben. Während die Großväter ihr Geld heimlich unter den Reisstrohmatten horteten, präsentieren die nachgewachsene Generation und die Gruppe der neuen Einwanderer aus Hongkong ihren Erfolg in Form von Banken, Ladenketten und Hochhäusern.

Wer in die Stadt eindringt, sieht zunächst die Kulissen. Es scheint, als wolle San Francisco den Touristen zuliebe Tag und Nacht ein Musical aufführen, eine andere »West Side Story« mit Bühnen wie dem belebten Union Square in der Innenstadt, mit Pier 39 und mit Fisherman's Wharf.

In Alcatraz wurde Robert Stroud zum Ornithologen

An dieser alten Anlegestelle für Fischerboote herrscht stets Trubel. Menschen drängen sich vorbei an Boutiquen, Souvenirläden und an Ständen mit frischem und fritiertem Fisch, serviert mit dem hier typischen Sauerteigbrot. Kleine Fähren pendeln zur legendären Felseninsel Alcatraz draußen in der Bucht, wo so berühmte Gangster wie Al »Scarface« Capone, George »Machine Gun« Kelly oder der während seiner Inhaftierung als Ornithologe bekannt gewordene Robert »Birdman« Stroud einsaßen. Während die Touristen sich in »ihren« Revieren tummeln, haben sich die eingesessenen wohlhabenden Bürger in prächtige Häuser auf dem Nob Hill und den Pacific Heights zurückgezogen, wo einmal die Yerba Buena blühte. Die stark duftende Bergminze erinnert an den Beginn San Franciscos, denn sie gab dem ersten Ort an der weitläufigen Bucht ihren Namen. Die Besiedlung war einer der letzten Kraftakte des müde gewordenen spanischen Weltreiches, der nur noch für eine Mission und eine Garnison mit ein paar Soldaten reichte. Doch die Diener Gottes waren auch hier erfolgreiche Kolonisatoren und lehrten die Indianer vom Stamm der Ohlonen und Miwoks den Glauben, die Zucht und die Ordnung der Alten Welt.

Die Lage bot beste Bedingungen für die Stadt

Lange hatte es zuvor gedauert, bis die heutige San Francisco Bay überhaupt entdeckt wurde. Alle großen Seefahrer segelten an dem Platz vorbei: Juan Rodriguez Cabrillo, Francis Drake, Sebastian Cermeno und Sebastian Vizcaino verpaßten die Bucht. Erst am 5. August 1775 fuhr die »San Carlos« unter dem Kommando von Juan Manuel Ayala durch das Goldene Tor, und ein Jahr später erreichte der Hauptmann Juan

Chinesische Häuser vor Transamerika-Pyramide

Reiche Auswahl in chinesischem Fischgeschäft

Juwelier in der Stockton Street

Der Canton Bazaar mit buntem Allerlei aus China

Gemüsestand in Chinatown

Wer in die Chinatown San Franciscos eindringt, gerät in eine andere Welt. Chinesisches Stimmengewirr dringt an das Ohr, fremde Gerüche ziehen durch die Nase, viele Hinweistafeln tragen nur chinesische Schriftzeichen. Die Chinatown erstreckt sich über acht Straßenzüge; von den häufig verstopften Durchgangsstraßen zweigen viele dunkle Gassen ab. Läden bieten chinesischen Kitsch oder auch Pulver und Kräuter gegen alle erdenklichen Krankheiten, Fisch liegt einladend ausgebreitet, und knusprige Enten hängen in den Schaufenstern von Geflügelläden.

Drachen, Fächer, Taschen und viel Kitsch in diesem Laden

Chinesisches Haus aus den Gründerjahren

Nicht jedermanns Sache: Enten im Fenster

Passanten in Chinatown

betreiben – den rücksichtslosen Kampf um jeden Fußbreit Boden –, fochten die echten Forty-Niners mit dem Revolver und dem Messer aus.

1847 hatte der Ort von den Amerikanern den Namen San Francisco erhalten. Nun klang er wie Hohn, denn für sanfte Heilige war hier wahrhaftig kein Platz, sondern nur für die Glücksritter, Betrüger und Spekulanten der Alten und der Neuen Welt.

Die junge Stadt war Endstation der fürchterlichen Seereise durch den Isthmus von Panama oder um das Kap Horn und die letzte Chance für Tausende, sich mit dem Notwendigsten zu versorgen, bevor sie zu den Goldfeldern am Fuß der Sierra Nevada strömten. Für viele Schürfer war sie auch der Ort, in dem sie nach der Rückkehr aus der Wildnis die paar gefundenen Nuggetts wieder verloren.

Herausforderungen wurde mit Optimismus begegnet

Sechsmal brannte die hölzerne Stadt in dieser Zeit ab, sechsmal wurde sie wiederaufgebaut, und jedes Mal wuchs sie ein Stück mehr zu einer seltsamen Mixtur aus Verderbnis und Kultur, Schmutz und Luxus, die von den Menschen in San Francisco in vollen Zügen genossen wurde als Ausdruck der Befreiung von allen Fesseln puritanischer Bürgerlichkeit. Selbst als die Ankunft der Eisenbahn 1869, deren Spur von Zehntausenden chinesischer Kulis gelegt wurde, entgegen allen Hoffnungen zu einer tiefen Depression führte, Banken zusammenbrachen und Heere von Arbeitslosen die Straßen füllten, warf dies die Stadt nicht um. Eine durch ihren Optimismus verschworene Gesellschaft stellte sich der Herausforderung. Um die Jahrhundertwende war San Francisco ein glanzvoller Ort mit Saloons und Kirchen, Restaurants, Opernhäusern und der Bohème Amerikas, die hier ihre Inspiration fand.

Am 18. April 1906 um 5.13 Uhr bebte für 48 Sekunden die Erde. Ein apokalyptisches Ereignis, das 700 Tote forderte und 250 000 Menschen obdachlos machte. Über 28 000 Häuser verbrannten im Feuersturm. Aber nur für ganz wenige war dies ein Zeichen des Himmels und die Strafe für alle Sünden der Vergangenheit. Als wäre die Erkenntnis, auf einem Pulverfaß zu sitzen und auf

Bautista de Anza auf dem Landweg die Halbinsel. Pater Pedro Font, der ihn begleitete, schrieb: »Obwohl ich auf meinen Reisen viele gute Plätze und schöne Gegenden gesehen habe, sah ich keinen wie diesen. Ich glaube, wenn dieser Ort so besiedelt werden könnte wie Europa, würde es nichts Schöneres auf der Welt geben wegen der besten Voraussetzungen, hier eine herrliche Stadt zu gründen mit allem, was man sich wünschen kann, zu Lande und zu Wasser, mit diesem bemerkenswerten und weiträumigen Hafen, in dem Werften und Landungsstege angelegt werden könnten.«

Doch diese Prophezeiung blieb ungehört. Das einzige praktische Ergebnis war die Mission San Francisco de Asis, aus der die bald auf trockeneres Land verlegte Mission Dolores wurde – die nördlichste Bastion für die Kolonisierung Kaliforniens. Vielleicht wäre Yerba Buena auch nach dem mexikanisch-amerikanischen Krieg ein idyllisch-ländlicher Flecken geblieben, wenn der Goldrausch die Welt nicht über Nacht verändert hätte.

Der Goldrausch veränderte Yerba Buena über Nacht

Kaum mehr als 600 Menschen lebten 1848 an der Bucht, ein Jahr später waren es 25 000 Männer und 2000 Frauen – eine wilde Horde, die in Bretterbuden und Zelten hauste. Was heute die Forty-Niners, das berühmte Football-Team der Stadt, im Candlestick-Park als Spiel

34

Aufgelegt für Späße: Krabbenhändler an der Fisherman's Wharf

Die Insel Alcatraz war einst ein berüchtigtes Gefängnis

Der Giradelli-Platz ist ein beliebter Treffpunkt

Am Pier 39: Vergnügen im Karussell

Exzentrisch: »tierische« Fotomodelle

Nachwuchs-Musikerin am Pier 39

Wegen der inhumanen Lebensbedingungen schloß Justizminister Robert Kennedy das Gefängnis von Alcatraz Anfang der sechziger Jahre; Gangster wie Al »Scarface« Capone und Robert »Birdman« Strout hatten dort zuvor in Isolation gelebt. Heute ist die Knast-Insel zum Nationalpark erhoben und zur Besichtigung freigegeben – ein Mahnmal für unmenschlichen Strafvollzug. Regelmäßig verlassen Fähren nach Alcatraz den Hafen, wo sich zwischen der Fisherman's Wharf und Pier 39 die Touristen tummeln.

einem Vulkan zu tanzen, kein Schock, entstand in kaum fünf Jahren ein neues, noch glänzenderes San Francisco. Es kann nur ein grenzenloses Vertrauen in die Kraft des Menschen gewesen sein, die zu solchen Taten befähigte.

Brücken: die eine genial, die andere vernünftig

Aber auch die menschliche Eigenart, durch das Verdrängen der Wahrheit zu überleben, ist hier zu einer Kunstform entwickelt worden. Wie anders wäre es sonst zu erklären, daß jeder zweite Amerikaner am liebsten in dieser Stadt wohnen würde, obwohl Fernsehen und Zeitungen immer wieder das Szenario eines großen Bebens verbreiten, das 20 000 Leben kosten würde. Wie anders wäre es sonst zu erklären, daß nach einer neuen Warnung Ende Oktober 1989 – eine verhältnismäßig kleine Erschütterung der Erde – fast niemand fluchtartig weggelaufen ist. Dies ist das Vermächtnis der Pionierzeit, die keinen

Yachthafen nahe der Innenstadt am Pier 39

Ängstlichen duldete, sondern nur solche, die an die Zukunft glaubten.
Nicht umsonst trägt San Francisco den aus der Asche wiederauferstehenden Vogel Phoenix im Wappen. Jetzt, in der Neuzeit der Stadt, schmückte es sich mit glänzenden Federn. 1936 entstand die Oakland Bay Bridge und 1937 die weltbekannte Golden Gate Bridge: die eine ein grandios-vernünftiges Bauwerk, die andere eine geniale Schöpfung, bei der ihr Konstrukteur Joseph Baerman Strauss den Nebel, der fast je-

den Tag unberechenbar in die Bucht sinkt, mit einbezogen zu haben scheint. Wenn er langsam die mächtigen Pfeiler verhüllt, scheint die Brücke in der Luft zu schweben.
Die Brücken waren die Voraussetzungen für den Wirtschaftsgroßraum der Bay Area, in dem sich die neuen Mächte zu konzentrieren begannen: Banken, Ölgesellschaften und die Rüstungsindustrie siedelten sich an. Hinzu kommen die Forschungslaboratorien der Universitäten Berkeley und Stanford in Palo Alto und im Silicon Valley bei Santa Clara auf ehemaligen Obstgärten die Computer-Firmen. 1972 wuchs die Transamerica Pyramide in die Wolken, der Gipfel in einem Gebirge modernster Architektur und gelungene Verbindung von Zweck und Ästhetik.
Das rapide Wachstum nach dem Zweiten Weltkrieg hat San Francisco gründlich verändert. Es begann kühl zu werden unter der kalifornischen Sonne, die schöne Landschaft und das freie Leben drohten von den Wellen des Fortschritts verschlungen zu werden. Überall in der westlichen Welt hatten die Technokraten die Herrschaft an sich gerissen und eine Welt ohne Träume aufgebaut, die eine angepaßte Gesellschaft forderte – bis eine junge Generation sich zu wehren begann.

Die Hippies fanden ein Klima totaler Befreiung

Der Protest der »Beatniks« hatte seine Wurzeln zwar in kleinen Intellektuellen-Zirkeln an der Columbia-Universität in New York, aber zu einer weltweiten Bewegung wurde er erst, als seine Ideen nach San Francisco getragen wurden, dem traditionellen Nährboden für die »Aussteiger« und für die Visionen der Freiheit und Gleichheit. Diese hatte hier schon knapp hundert Jahre früher der Sozialreformer Henry George in seinem Buch »Progress and Poverty« formuliert.
Was zunächst als Aufstand gegen die Machtstrukturen der amerikanischen Gesellschaft begonnen hatte, veränderte sich zur totalen Befreiung des Individuums. Die von dem Schriftsteller Norman Mailer geforderte Hip Morality – »zu tun, was man fühlt, wann immer und wo immer es möglich ist« – fand ein begeistertes Echo bei den »Hippies«, den jungen Menschen auf der Su-

Raddampfer im Museumshafen

Innenhof des Jack London Village in Oakland

In zwei Stockwerken über die Bucht: die Bay Bridge

Ruderer vor der Skyline von Oakland

Als im Oktober 1989 in San Francisco die Erde bebte, stürzte das obere der beiden Stockwerke der Bay Bridge herab und begrub mehrere Autos unter sich. Wenige Monate später war die Verkehrsader über die San Francisco Bay wieder intakt und für den Verkehr freigegeben. Die Brücke verbindet San Francisco mit Oakland und Berkeley am östlichen Ufer der Bucht. Die Städte haben auf unterschiedliche Weise Bekanntheit erlangt: Oakland wegen seiner hohen Kriminalitätsrate und Berkeley wegen seiner Universität und der alternativen Kultur. Wer bei schönem Wetter den Campus der University of California at Berkeley oder den People's Park besucht, spürt die Reste der Lebensart der späten sechziger Jahre – nicht nur in Gestalt der Spät-Hippies.

che nach dem Gefühl. Von ihrem Treffpunkt an der Ecke von Haight- und Ashbury-Street auf halbem Weg zwischen der University of San Francisco und der University of California San Francisco – kurz UCSF genannt – breitete sich die sanfte Revolution über die gesamte westliche Hemisphäre aus. San Francisco wurde zum Wallfahrtsort und Zentrum der Ausgeflippten.

Die Blumenkinder leben jetzt ganz bürgerlich

Doch was mit so vielen Idealen und einem großen moralischen Anspruch, die Welt zu verbessern, begonnen hatte, endete bald in der Ernüchterung. Als vielen nicht mehr der Traum von Liebe und Frieden genügte, sondern sie sich zur Bewußtseinserweiterung der Hilfe von harten Drogen wie Mescalin, Heroin und LSD bedienten, wurden die heiteren Blumenkinder-Feste zu Orgien, die in Elend, Krankheit und Kriminalität ertranken – mit ungeheuren sozialen Lasten für die Stadt.

Avantgarde zu sein und neue Gedanken zu produzieren, hörte San Francisco dennoch nicht auf: die Frauen-Bewegung, New Age, die Black-Panther-Organisation in der Nachbarstadt Oak-

ben müssen, die als Außenseiter der Gesellschaft zu einer engen Gemeinschaft verschmolz, so gewannen sie jetzt wirtschaftliche Macht und Einfluß auf die Kommunalpolitik. »Gay Power« ist heute – nach einer Welle harter und blutiger Auseinandersetzungen mit Polizei und Behörden – ein wichtiges soziales Phänomen und ein Teil der städtischen Kultur bis hin zu eigenen Festen, eigener Mode und eigenen Zeitungen. Ohne Zweifel haben jetzt die »Gays« begonnen, konservativ zu werden, nicht zuletzt unter dem Eindruck von Aids. Und auch Haight-Ashbury ist längst wieder ein ruhiges Wohnviertel. Aber die Legenden der bewegten sechziger und siebziger Jahre wirken immer noch nach. Sie sind neben der Natur und den Mythen der Vergangenheit die Attraktion der Stadt, einem Ort der heiteren Toleranz, der Freizügigkeit und des Lebensgenusses. S. F., so die beliebte Abkürzung, ist allerdings so bürgerlich geworden, daß niemand mehr erschrecken muß, solange er sich nicht einläßt auf den Alltag jenseits der Sehenswürdigkeiten und der turbulenten Vergnügungsstätten an der Hafenfront.

San Francisco – mehr als nur Sehenswürdigkeiten

Aber eine Reise durch San Francisco ist mehr als der 49-Mile-Scenic-Drive, der den Besucher im Auto mit Hilfe von Schildern zu allem führt, was der Aufmerksamkeit wert zu sein scheint. San Francisco ist mehr als die grüne Oase des Golden Gate Parks, in dem die ganze Stadt auf den Wiesen und Wegen zu spielen scheint. Sie ist auch mehr als der Mount Tamalpais mit seinem wunderbaren Blick auf die Bucht und den Ozean, mehr als die Fahrt mit dem liebenswürdigen Relikt der Cable Car. Und es genügt auch nicht das flüchtige Wiedererkennen der Straßen, durch die Sam Spade, der Detektiv des Schriftstellers Dashiel Hammet, ging, auch nicht die Erinnerung an die vielen Lieder über die Stadt oder das Entdecken der Orte, die jedem durch die Verfolgungsjagden in Kriminalfilmen bekannt sind.

Daß San Francisco wirklich kosmopolitisch ist – unabhängig von der Statistik, die sagt, daß nur noch etwas mehr als die Hälfte der Bevölkerung »weiß« ist – spürt man erst beim Besuch der Randbezirke von Downtown.

Live-Musik im People's Park von Berkeley

land und asiatische Religion und Philosophie in westlichem Gewand wurden hier und im benachbarten Berkeley geboren. Gays, die Homosexuellen, brachen aus dem sozialen Getto aus; innerhalb weniger Jahre wurde San Francisco für sie die »befreite Stadt«. Hatten sie zuvor als verachtete Minderheit le-

Campus-Eingang der Universität Berkeley

38

Erker eines Wohnbootes

Skurrile Wohnanlage auf dem Wasser in Sausalito

Neben extravaganten Konstruktionen auf Booten liegen gepflegte schwimmende Wohnhäuser

**Die Golden Gate Bridge mündet im Norden in das Marin County – ein hübsches Gebiet, um nach dem Trubel San Franciscos wieder zur Ruhe zu kommen. Ein Katzensprung von der Brücke schmiegt sich Sausalito mit seinen Yachthäfen und den teuren Boutiquen und Restaurants an einen Hang.
Im Hafen sind skurrile Wohnboote zu bewundern. Dicht an dicht liegen die schwimmenden Häuser, bei denen die Bauherren ihrer Phantasie freien Lauf gelassen haben, nur beschränkt durch die Grenzen der Statik. Tiburon etwas nördlich ist eine gemütliche Kleinstadt mit einem hübschen Yachthafen und netten Restaurants und Kneipen. Hier treffen sich Millionäre aus dem nahegelegenen Belvedere mit Arbeitern zum Bier.
Die Berge um das Muir Wood National Monument mit seinem schönen Bestand an Redwoods bieten beste Möglichkeiten für Wanderungen.**

San Francisco

Das eigentliche Stadtgebiet ist nur 120 Quadratkilometer groß und hat etwa 740 000 Einwohner. Es ist leicht zu Fuß zu bewältigen, aber auch durch öffentliche Verkehrsmittel sehr gut erschlossen.

Anfahrt: Vom Internationalen Flughafen und vom Flughafen Oakland fahren Busse in die Innenstadt. Die Greyhound-Busse fahren den Bahnhof an der 7th/Stevenson Street an. Die Amtrak-Züge halten auf der Strecke von Seattle nach Los Angeles in Oakland, von dort fährt ein Bus zum Transbay Transit Terminal an der First/Mission St.

Fahren in der Stadt: Zu fast jedem Punkt der Stadt kommt man mit Straßenbahnen und Bussen der San Francisco Municipial Railway (MUNI). In die Randbezirke fahren die sauberen und sicheren U-Bahnen des Bay Area Rapid Transit (BART). Ein Streckenplan ist auf den gelben Seiten des Telefonbuchs von San Francisco zu finden. Eher dem Vergnügen als dem raschen Transport dienen die altmodischen Cable Cars. Es gibt noch drei Linien: Powell-Hyde (Market Street bis Victorian Park), Powell-Mason (Market Street bis Fisherman's Wharf) und California Street Line (Embarcadero Center bis Van Ness Avenue). Der Fahrschein kostet zwei Dollar und ist zwei Stunden lang bei beliebigem Ein- und Aussteigen gültig.

Sehenswürdigkeiten: Alcatraz, bis 1963 Staatsgefängnis auf der Insel der Pelikane in der Bucht von San Francisco, ist mit der Fähre von Pier 43 zu erreichen; Chinatown, die größte chinesische Siedlung außerhalb Asiens. Mittelpunkt ist die Stockton Street; Mission Dolores (San Francisco de Asis) mit der Kapelle von 1782 und einer großen, jüngeren Basilika (geöffnet täglich von 10 bis 16 Uhr), im umgebenden Mission District zahlreiche mexikanische Wandmalereien; Fort Winfield Scott, ehemaliger Militärstützpunkt unterhalb der Golden Gate Bridge (Ausstellungen, täglich geöffnet von 10 bis 17 Uhr); Golden Gate Bridge, 1937 eröffnet, eine der schönsten Brücken der Welt. Vom Fußweg ein großartiger Blick auf die Stadt. Autofahrer finden Aussichtspunkte auf beiden Seiten der Brücke. Die Einfahrt nach San Francisco ist gebührenpflichtig, die Ausfahrt frei; Coit

Tower, Aussichtsturm auf dem Telegraph Hill (von 10 bis 16.30 Uhr geöffnet); Civic Center, ein gewaltiger Komplex an der Van Ness Avenue, 1906 im klassizistischen Stil erbaut; die steile Lombard Street, die krummste Straße der Welt mit vielen blumengeschmückten Serpentinen (zwischen Hyde und Leavenworth Street); Grace Cathedral auf dem Nob Hill, Sitz des Erzbischofs von Kalifornien; Palace of Fine Arts, 1915 zur Panama-Pacific-Ausstellung in Gips errichtet, später in Beton nachgebaut, mit dem Exploratorium (naturwissenschaftliche Lernspiele für Kinder, geöffnet täglich ab 13 Uhr, außer Montag, am Wochenende von 10 bis 17 Uhr); Fisherman's Wharf, ehemals romantischer Hafen, jetzt touristischer Rummelplatz mit Restaurants, Buden, einem Wachs-Museum und Ripley's Believe it or not-Museum (täglich von 10 bis 22 Uhr, Freitag und Samstag bis 24 Uhr). Ähnlich gestaltet ist Pier 39 daneben; die Transamerika Pyramide, ein interessantes Hochhaus. Der Golden Gate Park, grüne Lunge der Stadt und beliebter Freizeitpark. Außer den Museen gibt es hier den Japanese Tea Garden, die Conservatory of Flowers (Gewächshaus mit tropischen Pflanzen), den originellen Shakespeare's Garden (mit allen Pflanzen, die der Dichter erwähnt), das Strybing Arboretum (Pflanzen aus aller Welt), den Stow Lake (Ruderboote) sowie Golf- und Tennisplätzen und eine Windmühle.

Museen: San Francisco hat eine große Zahl interessanter Museen. Die bedeutendsten sind: California Academy of Sciences im Golden Gate Park (9 bis 17

Eingang der Crocker-Galerie

Uhr, im Sommer bis 21 Uhr) mit dem Discovery Room für Kinder, dem Morrison Planetarium, dem Steinhart Aquarium (Fische des Pazifik) und der Wattis Hall of Man (aussterbende Kulturen); California Palace of the Legion of Honour (Skulpturen von Rodin, französische Kunst, geöffnet Mittwoch bis Sonntag von 10 bis 17 Uhr); Chinese Historical Society (Adler Place) mit Ausstellung zum Leben und Wirken der Chinesen in Kalifornien (Dienstag bis Samstag von 13 bis 17 Uhr); Mexican Museum (Mittwoch bis Sonntag von 12 bis 17 Uhr) im Fort Mason am Marina Boulevard (hier auch die African-American Historical and Cultural Society und das Museo Italo-Americano); Musée Mechanique im Cliff House; eine amüsante Spieluhren- und -automaten-Ausstellung (täglich von 9 bis 16 Uhr); The Old Mint (1874) mit Sammlungen zur Stadtgeschichte und Münzen (Montag bis Freitag von 10 bis 16 Uhr); San Francisco Maritime Museum am Hyde Street Pier mit einer Kollektion historischer Schiffe im Freigelände und Ausstellungen zur maritimen Geschichte der Stadt (täglich von 10 bis 18 Uhr); Museum of Modern Art im Civic Center (zeitgenössische Kunst, geöffnet täglich außer Montag von 10 bis 17 Uhr); M. H. de Young Museum im Golden Gate Park, die größte Kunstsammlung der Stadt (Antike bis 19. Jh., Meisterwerke europäischer Malerei), angeschlossen das Asian Art Museum (Mittwoch bis Sonntag von 10 bis 17 Uhr, das Asian Art Museum ist auch am Dienstag offen).

Theater und Musik: Das San Francisco Ballett und das Opern-Ensemble geben Vorstellungen im War Memorial Opera House, das Sinfonieorchester spielt in der Davies Hall. Klassische Stücke werden im American Conservatory Theatre gezeigt, Broadway-Hits vor allem im Curran Theatre und im First Congregational Church Theatre. Musikalische Komödien gibt es im Marines Memorial Theatre, moderne Werke im San Francisco Repertory Theatre. Die Avantgarde findet man vor allem im Antenna Theatre and Theatre Artaud oder im Magic Theatre.

Unterkunft: Berühmt sind die drei großen (und sehr teuren) alten Grand-Hotels, das Fermont Hotel & Tower, das Mary Hopkins und das St. Francis; zugleich Sehenswürdigkeiten sind das Hyatt Regency (mit einer grandiosen

Halle) und das Sheraton Palace Hotel (mit dem 1909 entstandenen Garden Court). Angenehme Unterkunft bieten die kleineren Hotels in victorianischen Häusern (vor allem an der Sutter, Post und Powell Street) wie etwa die Hotels Beresford, Bedford, Canterbury, York oder Galleria Park. Zahllos sind Motor Inns und Motels, die meist jedoch am Rand der Innenstadt liegen. Viele haben den Preis draußen angeschlagen. Die Jugendherberge liegt im Fort Mason Park.

Einkaufen: Die großen Kaufhäuser wie Macy's, Nieman-Marcus, Saks Fifth Avenue, The Emporium oder Magnin liegen alle am Union Square. Eine Fülle exklusiver Läden (zum Teil in alten Häusern) findet man in der Union Street. Zu schönen Ladenkomplexen wurden die ehemaligen Fabriken am Ghirardelli Square und die Cannery umgestaltet; auch architektonisch interessant (mit modernen Skulpturen) ist das Embarcadero Center.

Restaurants: San Francisco besitzt hervorragende Restaurants, nicht zuletzt durch die Einflüsse aus allen Regionen Asiens. Aber auch die europäische Tradition wird gepflegt. Modisch geworden sind die japanischen Sushi-Bars. Viele Restaurants sind auch optische Attraktionen durch ihre fantasievolle Ausstattung. Eine Auswahl: Ernie's (französisch) in der Montgomery Street, Alejandro's (mexikanisch) in der Clement Street, Compton Place (amerikanisch) in der Stockton Street, Mandarin (chinesisch) am Ghirardelli Square, Scott's Seafood (kalifornisch) in der Lombard Street, Sam's Grill (amerikanisch-italienisch) in der Bush Street, Alfred's am Broadway, Harris' in der Van Ness Avenue (Steaks) und Greens (vegetarisch) im Fort Mason Center. Geschmackvoll eingerichtet ist das italienische Restaurant Spuntino am Civic Center.

Ausflüge: Rund um San Francisco gibt es eine Reihe interessanter Ziele, zum Beispiel jenseits der Golden Gate Bridge der Ort Sausalito mit pittoresken Hausboot-Siedlungen (an der Wasserfront viele gute Restaurants), etwas weiter Tiburon, im Osten Berkeley (Universität mit anthropologischem und Kunst-Museum, dem Municipial Rose Garden und einer Vielzahl erstklassiger Restaurants) und Oakland (Lake Merritt, ein schöner Stadtpark mit einem Märchen-

Die Cable Car ist Relikt aus alten Zeiten und Touristenattraktion

land für Kinder, dem Oakland Museum und dem Jack-London-Square mit der Blockhütte, in der der Dichter gewohnt haben soll). Im Süden bietet sich San Mateo für einen Ausflug (Coyote Point Museum zur Ökologie der Bay Area) und im Südwesten San José, attraktiv durch den riesigen Vergnügungspark Great America (täglich geöffnet von 10 bis 22 Uhr, von Ende Oktober bis Anfang März geschlossen) und das Winchester Mystery House, ein kurioses Labyrinth mit 160 Zimmern, 2000 Türen und 10 000 Fenstern (täglich geöffnet von 9 bis 18 Uhr).

Ein schöner Ausflug per Auto führt um den nördlichen Teil der Bucht von San Francisco herum: über die Bay Bridge nach Berkeley, dann nördlich über die Richmond-San Rafael Bridge nach San Quentin und zurück über die Golden Gate Bridge. Lohnenswert sind auch Fahrten in das Muir Woods National Monument und zum Point Reyes National Seashore (s. Info Kapitel 2).

Für den Notfall: Deutsches Generalkonsulat, 1960 Jackson Street, Telefon 775-1061. Polizei, Feuerwehr und Krankenwagen sind über die gemeinsame Notrufnummer 911 zu erreichen. Travellers Aid (39 Mason Street/Ecke Market Street, Telefon 781-6738) bietet Rat für Reisende bei finanziellen und persönlichen Problemen. Bei Pannen hilft die American Automobil Association, 150 Van Ness Avenue/Ecke Hayes Street, Telefon 565-2012 (Büro) oder 863-3432 (Straßendienst).

Information: Visitor Center, Hallidie Plaza (untere Ebene) an der Ecke Market/Powell Street (geöffnet Montag bis Freitag von 9 bis 17 Uhr, Samstag von 9 bis 15 Uhr, Sonntag von 10 bis 14 Uhr, mit Hotel-Information, Auskünfte über Stadtführungen und Rundfahrten, aber keine Hotel-Reservierungen). Wichtige Hinweise enthalten die kostenlosen Broschüren in den Hotels. Veranstaltungs-Programm (in Deutsch) über die Telefonnummer 391-2004.

Fischer- und Ausflugsboote liegen am Pier 39

Pagodenbau im Golden Gate Park

Genormte Briefkästen in Sausalito

Kunst in der Lobby des Hyatt-Hotels

Chinesische Laterne und Transamerika-Pyramide

Freiheit des Geschmacks: »Pirat« mit Papageien

San Francisco bietet eine Vielfalt an Sehenswürdigkeiten. Ethnische Gruppen haben der Stadt ihren Stempel aufgedrückt: Japantown und die Pagodenhäuser im Golden Gate Park, Chinatown sowie der Mission District mit seiner Bevölkerung aus Mexiko und Mittelamerika. Die erste weiße Siedlung Mission Dolores liegt mitten in der Stadt in der Nähe der Market Street.

Luftige Fahrt mit der Cable Car

NATIONALPARKS **Erholung in geschützter Natur**

Der Yosemite Nationalpark (großes Bild) ist das bekann-
teste Naturreservat Kaliforniens. Hunderttausende
besuchen den Park in jedem Jahr, der gleichzeitig
Erholungsgebiet und geschützter Raum für
Flora und Fauna ist. Die Tuffsteingebilde im Mono Lake
(kleines Bild) sind Todessignale – ausgelöst durch einen
sinkenden Wasserspiegel.

El Capitan – Herausforderung für Kletterer

Mächtige Wurzel eines Redwood-Baumes

Steiniges Bett des Merced River

Das Yosemite-Tal: Erholung für Menschen, wenig Platz für Tiere

Im Sommer nur Geplätscher: die Vernol Falls

Mit dem Bemühen um den Schutz des Yosemite-Tals begann um 1870 die Schaffung von Nationalparks in den USA. Zwar wurde Yellowstone in Wyoming 1872 vorgezogen, jedoch wies die Bundesregierung Yosemite 18 Jahre später ebenfalls als Naturreservat aus.

Rund zwei Millionen Menschen besuchen den Nationalpark östlich von San Francisco in jedem Jahr. Die meisten reisen mit dem Auto an und bringen das Gleichgewicht der Natur vor allem im Merced-Valley in Bedrängnis.

Etwas abseits können Wanderer dagegen weitgehend ungestörte Natur genießen: Wer gut zu Fuß ist, kann mit Rucksack und Zelt auf den insgesamt gut 1200 Kilometer langen Wanderwegen in die Wildnis vordringen.

Nur von weitem sahen die Spanier diese leuchtend weißen Gipfel, die den Himmel zu berühren schienen. Die Kolonisatoren nannten die Perlenkette aus Fels und Eis als Erinnerung an ihre Heimat Sierra Nevada – und ließen es dabei bewenden. Jahrhunderte sollte es noch dauern, ehe Menschen es wagten, diese unnahbare Schönheit zu berühren – allerdings weniger mit einem Blick für die Wunder der Schöpfung, als mehr im Kampf gegen die Natur, gegen die unüberwindlich scheinende Barriere vor dem »gelobten Land« an der Küste des Pazifiks.

Getrieben von der Suche nach neuem Lebensraum ...

Das 19. Jahrhundert war noch im Anfang, als Meriwether Lewis und William Clark zur ersten Expedition gen Westen aufbrachen. 1803 hatten die USA unter ihrem Präsidenten Thomas Jefferson dem napoleonischen Frankreich das ganze Land zwischen dem Mississippi und den Rocky Mountains abgekauft. Nachdem Lewis und Clark im Oktober 1805 den Columbia River an der heutigen Grenze zwischen den Bundesstaaten Oregon und Washington er-

Der Tioga-Lake

reicht hatten, folgten in den nachfolgenden Jahren in langen Trecks Ströme von Siedlern.

Heute ist es unbegreiflich, daß die Sierra Nevada nicht von der kalifornischen Küste aus, sondern von Osten her erschlossen wurde. Zu erklären ist dies aus der politischen Situation: das große

Besucher am Aussichtspunkt Glacier Point

spanische Weltreich hatte dringendere Aufgaben, als diese ferne Provinz gründlich zu kolonisieren, und es mag auch die Lust gering gewesen sein, vom warmen und fruchtbaren Küstensaum in eine düstere Wildnis vorzustoßen.

... ebneten verwegene Trapper den Weg für die Siedler

Die jungen Vereinigten Staaten aber waren eine aggressive Macht auf der Suche nach neuem Lebensraum. Seit Thomas Jefferson war die junge Nation besessen von dem Gedanken, den Kolumbus-Traum zu verwirklichen und einen Zugang zu den Schätzen Asiens zu erhalten.

Zu Wegbereitern dieses Traums wurden die Mountain Men. Sie fanden die Pässe und Täler für die großen Trecks, und an ihren Geschichten entzündeten sich die Phantasien von Reichtum und einem besseren Leben. Einer von ihnen war Joseph Walker. Er entdeckte das Tal, das die Indianer O-ham-i-te nannten, später von den Weißen in Yosemite verdreht. Walker war dem uralten Mono Trail gefolgt, dem Pfad zu den Büffel-Jagdgründen in der Ebene. Heute verläuft hier die von dem Ort Lee Vining aufsteigende Tioga-Paß-Straße. Aber Walker und seine Männer hatten keinen Sinn für die gigantischen, durch das schmelzende Eis geformten Felsleiber, für die in Regenbogenfarben leuchtenden Wasserfälle und die herrlichen Blumenwiesen, sondern waren nur enttäuscht, daß sie keine Biber und andere Pelztiere fanden.

Ein New Yorker Verleger nahm sich der Wildnis an

Bald setzte sich – genährt durch eindrucksvolle Erzählungen – die Erkenntnis durch, daß die Sierra Nevada nicht nur ein feindseliges Gebirge, sondern auch ergreifend schön war. Es war zuerst Horace Greeley, der Herausgeber der »Tribune« im fernen New York, der anregte, das besonders faszinierende Yosemite-Tal vor dem Zugriff der Siedler zu bewahren. Der Druck wurde größer; 16 Jahre nachdem die USA Kalifornien von Mexiko erobert hatten, forderte Frederick Law Olmstead, der Schöpfer des Central Park in New York, in Briefen an den Kongress, das Yosemite-Tal und die Mariposa Grove mit ihren gewalti-

46

Tuffstein-Formationen im Mono-Lake sind Folgen der Umweltzerstörung

Landschaft in Ost-Kalifornien

Alte Männer mit Oldtimer vor Tankstelle in Bodie

Kontrollierter Verfall in Bodie

Einst flottes Mobil, jetzt nur noch Wrack

Erinnerungen an John Wayne werden wach . . .

Fast surreal wirken die bizarren Gebilde aus Tuffstein im kobalt-blauen Wasser des Mono Lake. Sie sind jedoch nicht nur Laune der Natur, sondern ein Zeichen der fortschreitenden Umweltzerstörung. Seit Los Angeles mittels einer mehrere hundert Meilen langen Pipeline aus dieser Region mit Wasser versorgt wird, ist der Wasserstand des Sees bedrohlich gesunken, das Wasser versalzt. Inmitten einer Landschaft, die vielen Menschen aus Western-Filmen bekannt ist, liegt nördlich des Mono Lake nahe der Grenze zu Nevada die Geisterstadt Bodie. Als State Historic Park wird sie von Rangern in einem Zustand kontrollierten Verfalls gehalten. Gebäude des Bergwerks und Werkzeuge erinnern an die Zeit des Goldrausches.

gen Mammutbäumen zu schützen. Noch im gleichen Jahr unterzeichnete Präsident Abraham Lincoln ein entsprechendes Gesetz. Das schöne Tal sollte erhalten bleiben »for public use, resort and recreation«.

Damit war mitten in einer Zeit, in der sich jeder nahm, was er haben wollte, die Grundlage geschaffen worden, Natur als nationalen Besitz zu erhalten, und es war auch der Boden bereitet, daß 1872 das Yellowstone-Gebiet zum ersten Nationalpark der Vereinigten Staaten erklärt werden konnte.

Der erste Nationalpark entstand in Wyoming

Obwohl das Engagement für Nationalparks von Kalifornien ausgegangen war, wurde die Region in Wyoming als erste unter Schutz gestellt. Sie war Modell für ein einzigartiges System von heute 334 Reservaten, in das der Yosemite Nationalpark übrigens erst 1890 eingefügt wurde.

Damals wurde aber auch ausgespro-

Gruß von John Wayne

Gewiß wäre niemand erstaunt, wenn die Main-Street von Bodie langsam ein Reiter herunterkäme, vor dem Saloon aus dem Sattel stiege, die Schwingtür aufstieße und Schüsse knallten. Wenn hier das Abendlicht lange Schatten malt und ein heißer Wind Staub aufwirbelt, ist es so, als sei keine Zeit vergangen, als dieser Ort den schlechtesten Ruf im ganzen Westen hatte. Bodie ist heute eine Geisterstadt. Sie ist die schönste in Kalifornien, weil sie fast so geblieben ist wie damals, als die Menschen den erschöpften, wie von Maulwürfen durchwühlten Boden verließen.

1859 entdeckte Waterman S. Body an dieser kargen Stelle Gold, und als die Minen auf der Westseite der Sierra Nevada immer weniger abwarfen, folgten Tausende seinen Spuren nach Osten, um »den Elefanten zu sehen«: die unerschöpfliche Ader. In der Blütezeit 1879 lebten in Bodie, unweit der Grenze zu Nevada, über zehntausend Menschen – mit einem eigenen Viertel für Hunderte chinesischer Kulis und mit 65 Saloons. Die Stadt war berüchtigt wegen ihrer rohen Sitten, wegen der vielen Verbrecher und des höllischen Klimas.

Berühmt geworden ist der Satz, den ein Mädchen in ihr Tagebuch schrieb, als es mit den Eltern aufbrach: »Adieu Gott, ich gehe nach Bodie.« Und Reverend F. M. Warrington, der 1881 hierher kam, sah »ein Meer der Sünde, gepeitscht von den Stürmen der Wollust und der Leidenschaft«. Fast jeden Tag wurde ein Mann erschossen, Raub und Postkutschenüberfälle waren üblich. Fast legendären Ruhm genoß der »böse Mann von Bodie«, vielleicht nur eine Erfindung, aber es können auch Tom Adams oder Washoe Pete gewesen sein.

Die wüste Geschichte dieses Orts ist nachzulesen in einem Heft, das man am Eingang zum heutigen State Historic Park Bodie erhält. Aber eigentlich braucht man keine Unterlagen, um sich vorzustellen, wie es hier einmal gewesen ist. Es genügt, wenn man durch die blinden Scheiben in die halb zusammengefallenen Häuser blickt – in das Haus des James Stuart Cain zum Beispiel, der in 90 Tagen für 90 000 Dollar Gold fand oder in das der Lottie Johl, die ihre Karriere als Freudenmädchen begann und ihr Leben als ehrbare Frau des Metzgers beendete.

chen, was den amerikanischen Nationalpark-Gedanken bis heute bestimmt. Jene Wunder der Natur, die für alle Zeit dem öffentlichen und privaten Zugriff entzogen sein sollten, waren nicht nur als unberührbare Reservate einer sich selbst überlassenen Wildnis gedacht, sondern sollten auch als Attraktion der Erbauung und der Erholung dienen.

Neben den Nationalparks schufen die Bundesstaaten ein Netz von Reservaten

Dieser Baum wurde zweckentfremdet

Redwood-Bäume wachsen über 100 Meter hoch

Sunset Point im Sequoia National Park

Winzig wirken Menschen neben den gewaltigen Stämmen

Kein Ende scheinen die Sequoias nehmen zu wollen, wenn der Blick ihren Stämmen nach oben folgt. Über 100 Meter hoch können die Bäume wachsen. Ihr Holz ist wegen der langen Haltbarkeit begehrt.

Während die Redwoods deshalb in vielen Gebieten nach wie vor abgeholzt werden, stehen die Bäume in den Reservaten im Norden Kaliforniens sowie im Kings Canyon National Park und im Sequoia National Park unter Schutz.

Jahresringe zeigen das Alter des Baumes

Die dicke Rinde schützt vor Feuer

Redwoods sind in wenigen Parks geschützt

fast drei Millionen Besucher, fast ausschließlich konzentriert auf die 21 Quadratkilometer des Talbodens in dem insgesamt über 3000 Quadratkilometer großen Gebiet. Es sind über 500 Kilometer Straße gebaut worden, ein paar Hotels und zahllose Campingplätze; der Autostau ist – trotz eines ausgeklügelten Einbahnstraßen-Systems – an Sommerwochenenden üblich. Der Park wird bestürmt von häufig bunt gekleideten Kletterern, die an den fast glatten Granitwänden das modische »Clean Climbing« ohne Haken praktizieren. Inzwischen kämpft die Parkverwaltung einen verzweifelten Kampf, um den Strom einzudämmen – bisher ohne großen Erfolg. Es gibt Überlegungen, jedem Amerikaner nur eine bestimmte Anzahl Tage im Yosemite – nach dem Grand Canyon und dem Yellowstone der am meisten besuchte Nationalpark – zuzuweisen.

Vom Gebirge des Lichts in den Wald der Giganten

Dies ist die eine Seite dieses grandiosen Stücks Natur; die andere beginnt gleich neben den Straßen. Es genügen nur ein paar Schritte, um einzutauchen in eine tiefe Stille. Durch den Park ziehen sich über 1200 Kilometer Wanderwege, die meisten nur von wenigen »Backpackers« begangen. Mit Zelt und Schlafsack ausgestattet finden sie Ruhe abseits des Massentourismus. Hier ist die Sierra Nevada wieder das Gebirge des Lichts, das der Pionier für den Schutz der Wildnis, John Muir, der ein Leben lang dieses Land durchstreifte, eindrucksvoll beschrieben hat: »Und nahezu alles leuchtet, vom Talgrund bis zum Gipfel – die Felsen und Bäche, die Seen, Gletscher, Wasserfälle und die Wälder der Silbertannen. Und wie hell ist dieses Leuchten nach einem Sommerregen oder nach Taunächten, oder nach frostigen Nächten im Frühling und Herbst, wenn die morgendlichen Sonnenstrahlen die Kristalle auf Büschen und Gräsern aufschimmern lassen und im Winter durch die schneebedeckten Bäume dringen.«

Auf diesen Wegen eröffnen sich die schönsten Ausblicke über die endlose Gipfelkette, nach Osten auf ein graubraunes, durstiges Land und nach Westen auf sanft abfallende grüne Hänge. Vielleicht wird hier der Wanderer, der

und Erholungsflächen, die State Parks. Dutzende dieser Einrichtungen bedecken Kalifornien. Mächtige Mammutbäume stehen im Del Norte Coast State Park an der Grenze zu Oregon unter Schutz, am Lassen Volcanic National Park kann das Ergebnis von Vulkanausbrüchen betrachtet werden. Und wer an der Küste südlich von San Francisco unterwegs ist, kann im Año Nuevo State Park an der Küste bei Pescadero tonnenschwere See-Elefanten aus der Nähe betrachten.

Viele Parks sind mit Picknickzonen oder mit Campingplätzen ausgestattet, die großen beherbergen sogar Hotels und Feriensiedlungen. Dies ist eine folgenschwere Entwicklung: Die geschützte Natur ist heute so komfortabel ausgebaut, daß sie sich bequem vom Auto aus genießen läßt. Das Yosemite-Tal ist ein erschreckendes Beispiel dafür. Schon bald nach der großen Tat Abraham Lincolns strömten Hunderte hierher: Neugierige, Naturliebhaber, Künstler und Fotografen, einig im Staunen über die königlichen Felsdome des El Capitan oder des Liberty Cap, über die stillen Seen und die klaren Bäche.

Die Liebe zur Natur fordert ihren Tribut

Mit der Motorisierung Amerikas aber wuchs dieser Strom ins Unermeßliche. Heute ist Yosemite in Gefahr, zu Tode geliebt zu werden. Jedes Jahr kommen

Crystal Cave im Sequoia National Park

Im Innern der Crystal Cave

Während das Thermometer draußen im Sommer auf über 30 Grad steigt, müssen sich die Besucher der Crystal Cave im Sequoia National Park warm einpacken. Groteske Felsformationen, geschickt beleuchtet, erwartet sie beim Gang durch die Gänge und Hohlräume. Eine der größten Attraktionen im Giant Forest ist wohl der General Sherman Tree: Mit 83 Metern Höhe, einem Umfang von 31 Metern und einem Alter von 3500 Jahren ist er das älteste bekannte Lebewesen. Der zunehmende Tourismus hat es in letzter Zeit notwendig gemacht, die Sehenswürdigkeiten der Parks vor den Besuchern zu schützen.

Hume Lake unweit des Kings Canyon National Park

Cedar Grove im Kings Canyon National Park

Ein Ranger unterwegs wie einst die Trapper

Farne im Kings Canyon National Park

sich der Einsamkeit aussetzt, einen der seltenen Nacht-Regenbogen sehen: Wenn die Strahlen des Vollmondes auf zarte Nebelschleier treffen, beginnen diese in allen Farben zu schillern.

Weit weniger bekannt – und überlaufen – sind die beiden anderen großen Naturreservate der Sierra: Kings Canyon- und Sequoia-Nationalpark mit dem alles überragenden Gipfel des Mount Whitney, dem zweithöchsten Berg Nordamerikas. Wieder war es John Muir, dessen Namen ein State Park nördlich von San Francisco trägt, der die öffentliche Aufmerksamkeit auf diese Gegend lenkte.

Auf dem Kings Canyon Highway

Er schrieb 1875: »... dieser Sequoia-Gürtel scheint mir der schönste, und deswegen nannte ich ihn den Wald der Giganten.« Was ihn so erregte, waren die majestätischen Stämme der Sequoia gigantea, des Mammutbaums, die wie die letzten Überlebenden eines Dinosaurier-Waldes wirken.

1854 hatte ein solcher Baum Europa in Erstaunen versetzt. Geschickte Geschäftsleute hatten einen Riesen gefällt, die Rinde abgeschält und sie für die Weltausstellung in London wieder zusammengefügt.

In der gleichen Zeit hatten allerdings auch die Besitzer der Sägewerke den Wert des rötlich schimmernden Holzes entdeckt. Ein Baum nach dem anderen fiel Säge und Axt zum Opfer, bis endlich 1890 der Sequoia-Nationalpark ge-

schaffen wurde – als letzte Zuflucht für ein Gewächs, das Geschichten aus versunkenen Zeiten erzählen könnte. Die größten Riesen, die man im patriotischen Eifer General Sherman- und General Grant-Tree nennt, sind mehrere tausend Jahre alt. Wenn ein Mensch davorsteht, wirkt er winzig klein.

Die Sierra Nevada scheint noch ungezähmt ...

Wie im Kings Canyon-Nationalpark, der erst 1940 gegründet wurde, findet man hier noch fast pure Natur mit einem tiefen Urwald, in dem Bären leben, und weite Felshänge, die im Sommer zu glühen scheinen durch die feuerroten Blüten des Indian Paintbrush. Hier wirkt es manchmal noch so, als sei die Sierra Nevada ungezähmt und stark genug, dem Menschen so entgegenzutreten wie zur Zeit der Entdeckung.

Doch dies täuscht. Seit langem werden die Berge als das große Wasserreservoir für das Central Valley und für Los Angeles benutzt. 540 Kilometer lang ist der ab 1913 gebaute Owens-Aquädukt, über den die Großstadt versorgt wird. Ihr Bedarf wächst unaufhörlich, und die Schäden am Ökosystem werden immer größer. An den westlichen Hängen des Yosemite-Nationalparks sterben die Bäume zu Tausenden durch den Gifthauch der Metropole. Und seit dem Mono Lake, einem herrlich blau glänzenden See am Ostabhang der Sierra Nevada, durch die Versorgung von L. A. die Zuflüsse abgeschnitten worden sind, versalzt er. Die Konzentration der Minerale ist bereits zweieinhalbmal so groß wie im Ozean.

... doch treten Schäden am Ökosystem deutlich hervor

Die bizarren Skulpturen aus Tuffstein, die hier in der Hitze starren, sind keine romantische Laune der Natur, sondern Zeichen des Todes. Der Wasserspiegel fällt unaufhörlich. In zwanzig Jahren, so befürchten Wissenschaftler, wird es hier nur noch eine weiße Mond-Landschaft geben, und der Lebensraum für Hunderttausende Wasservögel wird vernichtet sein. Ihren Schutz haben sie zum Teil bereits verloren, denn Kojoten gelangen bereits jetzt zu den Brutplätzen. Noch unklar sind weitere Schäden an der Natur.

52

Sierra Nevada

Etwa 600 Kilometer lange Gebirgskette mit über 50 Dreitausendern, die oft noch im Sommer mit Schnee bedeckt sind. Charakteristisch sind der trockene Steilabfall auf der Ostseite und die von den pazifischen Regenwolken getränkte grüne und sanft geneigte Region im Westen. Höchster Gipfel ist mit 4418 Metern der Mount Whitney, den jeden Sommer Tausende von Bergwanderern besteigen.

Anfahrt: Mit dem Auto am besten von Osten. Eine Straße führt von Lone Pine, nahe dem Queens Lake zum Whitney Portal in 2250 Meter Höhe.

Unterkunft: Einfache Campingplätze.

Information: Inyo National Forest, Mount Whitney Ranger District, Lone Pine, CA 93545. Dort werden die begehrten Genehmigungen für den Aufstieg erteilt.

Bodie

Wohl die schönste »Geisterstadt« Kaliforniens, die als State Historie Park im Zustand des »kontrollierten Verfalls« erhalten wird. Von der Goldgräbersiedlung mit einmal 10 000 Einwohnern sind noch etwa 170 Häuser zu sehen, die ein sehr gutes Bild vom Leben um 1850 geben. Im Winter ist die Zufahrt (zum Teil Schotterpiste) gesperrt.

Yosemite National Park

Über 3000 Quadratkilometer geschützte Natur und einer der beliebtesten Nationalparks in den Vereinigten Staaten mit annähernd drei Millionen Besuchern pro Jahr, übertroffen nur noch vom Grand Canyon in Arizona und dem Yellowstone National Park in Wyoming. Die außerordentlichen landschaftlichen Schönheiten sind zum großen Teil von dem nur 21 Quadratkilometer großen Yosemite-Tal aus leicht zu erreichen. Hier konzentriert sich auch der Menschenstrom.

Anfahrt: Mit dem Auto von Westen über die Highway 41, 140 oder 120 oder von Osten über die Kleinstadt Lee Vining. Von ihr aus führt die Straße über den Tioga-Paß (3350 Meter, vom Herbst bis zum Frühjahr geschlossen) durch den Park. Lee Vining wird auch von Greyhound-Bussen angefahren. Um die Zahl der Autos im Park zu verringern, werden von der Parkverwaltung kostenlos Busse eingesetzt, die alle wichtigen Punkte bedienen.

Sehenswürdigkeiten: Herausragend sind die Wasserfälle wie Bridalveil, Ribbon oder Lehamite, die gigantischen Granitblöcke des El Capitan, des Cathedral Rock, der Royal Arches oder des Half Dome, der 2199 Meter hohe Glacier Point (im Sommer offene Autostraße) mit herrlichem Ausblick und den Giant's Staircase, über den der Fluß Merced in die Tiefe stürzt, die Mariposa Grove mit über 500 Redwood-Bäumen, und die Tuolumne Meadows, über 2600 Meter hohe alpine Wiesen, Einstiegspunkt für den John-Muir-Trail, der sich über die ganze Kammlinie der Sierra Nevada zieht.

Unterkunft: Im Park gibt es zahlreiche Camping-Plätze (Reservierungen möglich über Ticketron, P. O. Box 26430, San Francisco 94126), Hütten und Zeltunterkünfte (White Wolf Lodge und Tuolumne Meadows Lodge) sowie das luxuriöse Ahwahnee Hotel, das Wawona Hotel, die Yosemite Lodge und Curry Village (im Sommer ist eine Vorbuchung unbedingt notwendig). In letzterem gibt es die Möglichkeit, Pferde zu mieten oder, wie auch an der Yosemite Lodge, Fahrräder auszuleihen.

Information: An den Eingängen des Parks bei Tuolumne Meadows, in Yosemite Village (mit dem Indian Cultural Museum), bei Curry Village (Happy Isles Nature Center) und am Südwestausgang nahe dem Wawona Hotel (Pioneer Yosemite History Center). Die Eintrittsgebühr für den Park beträgt fünf Dollar pro Auto.

Überall liegen große Zapfen der Sequoias

Kings Canyon/Sequoia National Park

Zwei getrennte, aber unter gemeinsamer Verwaltung stehende National Parks zwischen Fresno und dem Death Valley (Eintritt fünf Dollar).

Anfahrt: In den Kings Canyon führt der nur im Sommer geöffnete Highway 180 bis Cedar Grove (Ausgangspunkt für Wanderungen), den Westrand des Sequoia Nationalparks berühren die Highways 180 und 198.

Sehenswürdigkeiten: Am Eingang des Kings Canyon Nationalparks Grant Grove mit gewaltigen Redwood-Bäumen, vor allem dem 80 Meter hohen General Grant Tree. Knapp fünf Kilometer entfernt und nur zu Fuß zu erreichen Redwood Mountain Grove, wo die schönsten Mammutbäume stehen. Viele Wanderwege führen auch durch den Redwood-Wald des Sequoia Nationalparks. Besonders schön dort der Giant Forest mit Baumriesen wie dem General Sherman Tree.

Unterkunft: Etliche Campingplätze in beiden Parks. Im Kings Canyon Nationalpark zusätzlich die Grant Grove Lodge (52 Zimmer, geöffnet von Mitte Mai bis Ende Oktober) und im Sequoia Nationalpark die Giant Forest Lodge. Motels auch in der Ortschaft Three Rivers an der südwestlichen Ecke des Parks. Ausgangspunkt für die Parks kann auch Fresno mit einer guten Auswahl an Unterkünften sein. Die Stadt ist bekannt als Umschlagplatz für Wein und Rosinen; dreimal wöchentlich ist der Farmer's Market.

Information: Besucherzentren in beiden Parks.

Weitere Naturreservate

Die Point Reyes National Seashore nördlich von San Francisco (s. Kap. 2), der Redwood Nationalpark im Nordwesten Kaliforniens (s. Kap. 2, Eureka), der Lassen Volcanic Nationalpark östlich von Redding mit einer anschaulichen Demonstration der Folgen von Vulkanausbrüchen, der Año Nuevo State Park nördlich von Santa Cruz mit mächtigen See-Elefanten, das Death Valley National Monument und das Joshua Tree National Monument (s. Kap. 5) östlich von Palm Springs in Südkalifornien.

Weite Sicht vom Glacier Point

Alte Karre im Gegenlicht in Bodie

Tufformationen am Mono Lake

Cedar Grove im Kings Canyon National Park

Eingang der Crystal Cave

**Ein Netz von National-
parks unter Bundes-
verwaltung und von
State Parks unter der
kalifornischen Obhut
durchzieht Kalifornien
von Oregon bis zur
Grenze nach Mexiko.
Die Reservate dienen
dem Schutz der Natur
oder präsentieren
Sehenswürdigkeiten
wie geschichtlich rele-
vante Orte. Gemein-
sam ist ihnen, daß sie
auch der Erholung von
Menschen dienen.**

Vor langer Zeit gefallen: Sequoia im Yosemite National Park

*Wüsten bedecken in Kalifornien ein Gebiet dreimal so
groß wie Nordrhein-Westfalen. Das Spiel
von Licht und Schatten auf Felsen und Dünen beflügelt
die Phantasie. Eine unendliche Stille liegt
nachts auf den fast menschenleeren Regionen, deren
vielfältiges Leben Erstaunen hervorruft:
Tiere wie Koyoten und Pflanzen wie Kakteen.*

WÜSTEN **Schattenspiele auf Sand und Stein**

Death Valley: der Zabriskie Point im Abendlicht

Alte Räder im Borax-Museum

Informationen am Zabriskie Point

Immer geradeaus . . .

Erodierte Landschaft des Devil's Golf Course

Besuchermagnet: Scotty's Castle

Kaum zu ertragen ist der Aufenthalt im Death Valley, wenn das Thermometer im Sommer auf bis zu 50 Grad steigt. Doch wer in anderen Jahreszeiten in das National Monument reist, sieht ein einzigartiges Spiel von Licht und Schatten an den Felsen und Sanddünen. Unfaßbar ist die nachts über der Wüste liegende Stille. Nur wenige Oasen bieten Besuchern und Besucherinnen Schutz vor der erbarmungslos brennenden Sonne, wie zum Beispiel Furnace Creek mit seinen gepflegten Unterkünften und Restaurants.

Sanddünen im Death Valley

Oase Furnace Creek im Death Valley

man das Auto verläßt und den Gluthauch der Sonne spürt, wird man sich schnell erinnern, daß der Mensch höchstens drei Tage ohne Wasser überleben kann.

Gestein scheint in der Sonnenhitze zu glühen

Die kalifornischen Wüsten – die hochgelegene, bergige Mojave-Wüste, das Death Valley und die flache, extrem heiße Colorado-Wüste zusammengenommen – sind etwa 100 000 Quadratkilometer groß. Das entspricht der dreifachen Größe Nordrhein-Westfalens und ist knapp ein Viertel des Landes; eine riesige Ödnis, die jedes europäische Vorstellungsvermögen sprengt.

Doch so leer und tot wie es zunächst scheinen mag, ist sie nicht. Merkwürdig schnell schärft sich der Blick für das, was die Natur hier erschaffen hat: bläulich schimmernde Hügel, Gestein, das in der erbarmungslosen Sonne zu glühen scheint, das Spiel von Licht und Schatten, durch das tote Felsen zu magischen Figuren werden. Dazu Sand, in den der Wind seltsame Muster gezeichnet hat und wie Eis glänzende Salzflächen.

Je weiter man in diese stille Welt vordringt, desto mehr wird sie zu einem aufregenden Abenteuer. Tief im Süden sind es die stachligen Kakteenwiesen und die gespenstischen Gestalten der Joshua-Bäume mit ihren gegen einen unendlich blauen Himmel gereckten Armen, die das Auge fesseln. Im Norden, im Death Valley vor allem, verwandelt sich das Erschrecken über die Feindseligkeit der Wüste in das Staunen über Formen und Farben, die in Jahrtausenden geschaffen wurden.

Im Tal des Todes spielt der Teufel Golf

Menschen haben manchen Stellen hier Namen gegeben: Dante's View für eine flimmernde Ebene, die zu durchqueren tatsächlich wie eine Begegnung mit der Hölle sein muß, Devil's Golf Course für ein zerklüftetes Feld voll bizarrer kleiner Salzstöcke, Artist's Palette für Steinwände, die in allen Schattierungen des Regensbogens leuchten. Dies sind Anregungen, die der Phantasie ein wenig nachhelfen können, obwohl sicher niemand einen besonderen Anstoß

»Diese Gegend ist völlig wertlos. Wenn man sie betreten hat, kann man nichts weiter tun, als sie wieder zu verlassen. Wir sind gewiß die ersten und letzten Weißen gewesen, die diesen unnützen Flecken Erde betreten haben.« Dies schrieb Lieutenant Joseph C. Jves, als er vor mehr als hundert Jahren im Auftrag der Regierung die kalifornische Wüste erkundete. Es mag ihn der Schrecken gepackt haben vor der Hitze, der unendlichen Weite und der Stille, in der man sein eigenes Herz schlagen hört, und er mag nichts gesehen haben als eine kahle Ebene und Berge, die wie Schutthalden am Horizont aufragen. Noch heute hat diese Wüste etwas Erschreckendes, aber wenn am Mittag ein flirrendes Licht über dem konturenlosen Land liegt oder sich nachts ein funkelnder Sternenhimmel darüber wölbt, ist sie von faszinierender Schönheit.

Immer noch ist die Tierra del Muertos, das Land der Toten der Spanier, auch eine Herausforderung an die Phantasie – selbst wenn es leicht geworden ist, sie im klimatisierten Auto auf schnurgeraden und mit Tankstellen gut versorgten Straßen zu durchqueren. Die Technik macht es möglich, diese harte, kompromißlose Welt zu überlisten. Aber wenn

58

Extravagant: Casino-Angestellte mit Hut

Hinweis auf Shows und billige Mahlzeiten

Der Strip ist auch nachts taghell erleuchtet

Eisrevue in der Wüste: Das Hacienda-Hotel lädt ein

Von einer kleinen Eisenbahnstation nahm Las Vegas einen steilen Aufstieg zur bekanntesten Spielerstadt der USA. Millionen von Gästen reisen in jedem Jahr in die Wüste von Nevada, um am Roulettisch oder an einarmigen Banditen das große Glück zu suchen. Unzählige Glühbirnen erleuchten nachts den Strip, einen Abschnitt des Las Vegas Boulevard, den die meisten der grellen Casinos säumen. Aus den Hallen dringen das Klimpern von Geldmünzen und hysterische Schreie der glücklichen Gewinner.

Dichter Verkehr in Downtown Las Vegas

Hoffnung auf Glück an einarmigen Banditen

US-amerikanischer Kitsch: Caesar's Palace

braucht, um an diesem Ort über die Wunder nachzudenken, die unsere Welt bereithält.

Nirgendwo fällt das leichter als am Zabriskie Point. Wenn langsam die Sonne versinkt und lange Schatten auf die Felsrippen fallen, scheint es, als würden sie sich bewegen wie die Wellenkämme eines sanft schaukelnden Meeres. Noch einmal glühen die gegenüberliegenden Hügel karmesinrot, und dann wird es hier Nacht – eine so heiße, tiefschwarze Nacht, wie man sie höchstens noch in der Sahara erleben kann.

Füchse, Kojoten und sogar Frösche leben in der Wüste

Vieles hier ist erstaunlich. An verschwiegenen Stellen birgt die Wüste noch Erinnerungen, als nach dem Ende der Eiszeit vor mehr als einer Million Jahren im Pleistozän Flüsse das Land durchzogen, es Seen und fruchtbare Marschen gab. Die ersten Spuren des Menschen reichen 200 000 Jahre zurück; man hat Felszeichnungen entdeckt, die aus der Zeit der ersten indianischen Einwanderung über die Landbrücke zwischen Asien und Alaska stammen, und Skelettreste eines Yuha-Mannes, die mehr als 21 000 Jahre alt sind.

Auch später, als die Seen zu schimmernden salzigen Flecken wurden und die Flüsse in tiefen Canyons vertrockne-

ten, verließ der Mensch diese unwirtliche Gegend nie ganz. Den unvorstellbar harten Bedingungen angepaßt, lebten hier vor allem die zur Familie der Schoschonen gehörenden Mojave- und die Yuma-Indianer weit verstreut in der Weite. Erstaunlich ist auch die Vielfalt an Tieren und Pflanzen: Füchse, Kojoten, Schildkröten, Mäuse, Schlangen, Greifvögel, Kolibris und sogar Frösche leben in ihnen. Gräser und die große Familie der Kakteen tauchen das Land im Frühjahr mit ihren Blüten in wunderbare Farben.

Frühe Eroberer tasteten sich nur langsam vor

Dennoch blieb dies ein gemiedener Ort. Selbst als die weißen Eroberer sich immer weiter in die Neue Welt vortasteten, war die Wüste eine unüberwindliche Barriere. Zwar erreichten schon Jahre bevor Rodriguez Cabrillo in San Diego an Land ging und Kalifornien entdeckte, zwei spanische Expeditionen 1540 den Rand dieses Meeres aus Sand und Stein – von Süden her Hernando de Alarcon und von Osten Melchior Diaz –, doch sie wagten nicht, tiefer einzudringen. Es dauerte mehr als 150 Jahre bis zu einem neuen Anlauf: 1701/02 erkundete der Missionar Eusebio Kino die Wüste und lieferte den endgültigen Beweis, daß Kalifornien entgegen der bis dahin gültigen Annahme keine Insel war. Nach 1770 begannen Pedro Fages, Francisco Garcés und Juan Bautista de Anza nach Wegen durch die Wüste zu suchen. Anza gelang es, eine wichtige Landroute vom mexikanischen Sonora durch die Colorado-Wüste zu den spanischen Außenposten an der pazifischen Küste zu finden.

Tausende verließ das Glück auf dem Weg nach Westen

Doch die eigentliche Entdeckung begann erst in der Mitte des 19. Jahrhunderts. Die legendären Mountain Men drangen immer tiefer in das geheimnisvolle Neuland jenseits der Rocky Mountains vor. Diese kühnen Einzelgänger, mit allen Taktiken des Überlebens vertraut und gewohnt, Hunger und Durst, Hitze und Kälte zu ertragen, ebneten den Weg für die ersten Trecks mit Siedlern aus dem Osten. Niemand

60

Kaktus in der East Mojave-Wüste

Key's View im Joshua Tree National Monument

Im Joshua Tree National Monument

Diese Pflanzen widerstehen größter Hitze

Wer im März und April in das Joshua Tree National Monument reist, erlebt die seltenen Joshua-Bäume in voller Blütenpracht. Eine Vielzahl von Tieren ist zudem im Joshua Tree National Monument zu Hause; zu ihnen zählen Koyoten, Hasen, Echsen, Eulen und Adler. Die kleine Känguruh-Ratte ist ein Paradebeispiel für die Anpassung an die feindlichen Lebensbedingungen: Das Tier ist in der Lage, ohne Wasser zu überleben; Feuchtigkeit, die es benötigt, zieht es aus seiner pflanzlichen Nahrung. Wer im Joshua Tree National Monument übernachten will, hat neun Campingplätze zur Auswahl.

Interessante Felsformationen in der Wüste

Die höchste Düne des Landes bei Kelso

weiß, wie viele von ihnen ihr Leben in den Wüsten ließen – wahnsinnig geworden vor Hitze bis 50 Grad im spärlichen Schatten und Durst, vom Weg abgekommen oder, so seltsam es klingen mag, ertrunken, wenn ein Wolkenbruch trockene Schluchten mit reißenden Sturzbächen füllte.

Silberstädte waren Magnete für Abenteurer

Dennoch hielten sich hartnäckig die Gerüchte von unermeßlichen Reichtümern, die hier verborgen sein sollten. Sie lockten immer wieder Glücksritter und Abenteurer an, deren Gier größer war als die Angst vor Strapazen. Es entstanden Städte wie Rhyolite, Ballarat oder Look-out. Doch die meisten nahmen ein ähnlich jähes Ende wie Panamint City. Dort gegründet, wo drei Männer reiche Lagerstätten von Kupfer- und Silbererz entdeckt hatten, hallte der Ort bald wider vom Klang der Hämmer und Spaten. Es gab Saloons und Bordelle. Doch schon drei Jahre später war der Spuk zu Ende, als die ganze

Zu Fuß unterwegs in karger Wüste

Abendstimmung mit Joshua-Bäumen

Stadt im Juli 1876 nach einem großen Wolkenbruch in den Fluten eines Sturzbachs ertrank. Nur die Borax-Industrie konnte sich bis heute halten. Als dieses Mineral in den siebziger Jahren des vorigen Jahrhunderts – benötigt für Seife, Kosmetika und die Porzellanherstellung – im Death Valley entdeckt wurde, wuchsen überall kleine Minenstädte aus dem Boden.
Immer wieder wurden auch Gerüchte über Goldfunde laut, und Phantasten

narrten das Publikum mit wunderlichen Geschichten. Der größte und begabteste unter all diesen Lügnern war zweifellos Walter Scott. Er wurde 1872 in Kentucky geboren, riß als Kind von zu Hause aus, arbeitete als Cowboy und als Kunstreiter in der Wildwest-Show von Buffalo Bill, den er 1902 im Streit verließ. Kurze Zeit später erschien er mit ein paar goldhaltigen Quarzbrokken, die angeblich aus einer Mine im Death Valley stammen sollten, bei dem Finanzier Julian Gerard. Gerard ließ sich blenden und dank geschickter Reklame war »Scotty's Mine« bald die berühmteste in Amerika – obwohl sie nicht existierte, sondern von den Geldern des Versicherungsmagnaten Albert M. Johnson in Chicago lebte. 100 000 Dollar soll Johnson dem findigen Scott geliehen haben; entweder aus maßloser Dummheit oder aus Freude an einem genialen Gauner, der immer wieder für Sensationen sorgte.

Ein genialer Gauner sorgte für Sensationen

Der Mann, den die Zeitungen den »Midas des Westens« nannten, unternahm in wenig mehr als 44 Stunden eine Rekordfahrt mit einem Spezialzug von Los Angeles nach Chicago und trat als Hauptakteur in dem Theaterstück »Scotty, King of the Desert Mine« auf. Sein letztes Schelmenstück aber wurde das berühmteste. Wieder von Johnson finanziert, ließ er das Death Valley Ranchhouse bauen – 2900 Quadratmeter groß, mit unzähligen Räumen, vier Küchen und 14 Bädern. Es ist als Scotty's Castle heute einer der am meisten besuchten Orte des Death Valley.
Als Scotty 1954 starb, war die Wüste schon gezähmt. Die großen Umwälzungen des Industriezeitalters, technischer Fortschritt und die Entdeckung der »romantischen Leere« hatten sie tiefgreifend verändert.

Klimaanlagen regeln das Leben in Wüstenstädten

Schon um die Jahrhundertwende hatten Immobilienhändler versucht, Parzellen der »gesunden« Ödnis zu verkaufen. Gutgläubigen Kunden aus dem Osten täuschten sie Fruchtbarkeit vor, indem sie auf die Dornen der Joshua Trees, einer Agavenart, Orangen spießten. Die

Alte Schule in der Geisterstadt Calico

Wanderer auf dem Mt. San Jacinto

So wurde im Wilden Westen unterrichtet: Klassenzimmer in Calico

Alternative Energiegewinnung durch Wind

Palm Springs erwacht, wenn die Macht der Sonne am Nachmittag nachläßt. Nur künstliche Bewässerung hält die Wüstenstadt am Leben. Trotz ihres Klimas leistet sie sich den Luxus Dutzender Golfplätze, auf denen Jungverheiratete auf Hochzeitsreise und reiche Rentner die Bälle schlagen.

Golfplatz in Palm Springs

Seilbahn zum Mt. San Jacinto

Fruchtbarkeit wurde allerdings erst Wirklichkeit, als über Kanäle das Wasser des Colorado in die Täler geleitet wurde und künstliche Gärten entstanden. Das Militär besetzte die Wüste zudem als Trainingscamp und als Versuchsgelände für neue Waffen und Weltraumflugkörper, und Wissenschaftler erproben hier – in Solar One bei Barstow oder auf den Windturbinen-Plantagen bei Palm Springs – alternative Energien. Die Klimaanlage regelt das Leben einer kleinen, aber rapide wachsenden Bevölkerung.

Christusdorn im Anza Borrego State Park

Der Triumph des Menschen über die Natur schreitet fort. Nirgendwo wird er so deutlich wie in Las Vegas und Palm Springs. Las Vegas, gleich hinter der kalifornischen Grenze auf dem Boden von Nevada, war zunächst eine kleine Eisenbahnstation und wurde später Siedlung für Arbeiter, die den Hoover-Staudamm bauten. Der Aufstieg zum Archetypus des amerikanischen Traums begann erst mit dem Bau des El Rancho, des ersten Casino-Hotels der Welt. Seither ist Las Vegas, die grelle, von abertausend Lichtern, Spielautomaten, Rouletterädern und elektrischer Musik erfüllte Stadt, weit mehr als ein Spielerparadies. Sie ist ein betörendes und zugleich abschreckendes Modell einer Zivilisation, die ihre Erfüllung in den Illusionen des Glücks und des Luxus findet. Dieses Babylon in der Wüste scheint zu

einem unaufhörlichen Wachstum verdammt – mit immer neuen Hotels und Casinos, die bis ins Absurde gesteigerte Dekorationen zu übertreffen versuchen.

In Las Vegas wird die Nacht zum Tag

Wenn am Tag der heiße Wüstenwind durch die Straßen weht, Staub aufwirbelt und Las Vegas in ein eigentümlich gelbliches Licht taucht, wirkt die Stadt seltsam glanzlos, ein Fremdkörper in dieser harten Natur. Erst in der Nacht wird sie zu einem erregenden Ereignis, von bunten Neonröhren erhellt und mit lauten Verlockungen: Shows der großen amerikanischen Unterhaltungsstars, der Hunderttausend-Dollar-Jackpot. Man kann billig essen und schlafen, was der Mensch hier eigentlich gar nicht tun soll, denn er soll nichts anderes als spielen. Alles in Las Vegas ist Vorwand für diesen Zweck, und auch die Imperatoren-Statuen vor »Ceasar's Palace«, die Artisten im »Circus, Circus« oder die Wasserspiele vor dem mit einer goldenen Haut überzogenen »Mirage«, der jüngsten Hotel-Creation dieses Orts, sind nur sinnenreizende Kulissen für die Spielhöllen.

Palm Springs – für Rentner und Jungvermählte

Künstlich ist auch Palm Springs, aber während Las Vegas seine vulgäre Abstammung nicht verleugnen kann, ist diese Oase der heißen Quellen demokratisch-vornehm und geschmackvoll – selbst wenn der Zustrom von Filmstars, Bankiers und ausgedienten Politikern nachgelassen hat und der Ort statt dessen ein Ziel der »newly weds and nearly deads«, der Jungvermählten und Rentner, geworden ist. Ihnen wird ein perfektes Wohlleben geboten.
Unzählig sind die Swimmingpools, die perfekten Golfplätze und die sorgfältig von der Außenwelt abgeschlossenen »Residenzen«. Von Hibiskus und Bougainvillea überwuchert, wirken sie wie riesige, komfortable Vogelkäfige. Als seien hier noch nicht genug Wunder geschehen, kann man mit der Bergbahn auf den 2596 Meter hohen Mount San Jacinto mit seinen Nadelwäldern fahren. Wenn tief unten die Sommerhitze brütet, liegt hier oben Schnee.

64 *Death Valley*

Etwa 190 Kilometer lange und bis zu 26 Kilometer breite Tiefebene zwischen den Panamint- und Funeral-Bergen an der Grenze zu Nevada, mit Sommertemperaturen (Mai bis September) von über 50 Grad. Zwischen Herbst und Frühjahr (beste Reisezeit) ist es jedoch erträglich warm (25 bis 30 Grad). Die Luftfeuchtigkeit geht dann auf wenige Prozent herunter.

Anfahrt: Mit dem Auto. Nur so sind die Sehenswürdigkeiten des National Monuments zu besuchen. Autos können in Las Vegas und Barstow an der Interstate 15, 180 Kilometer südlich des Death Valley, geliehen werden. Beide Orte werden von öffentlichen Verkehrsmitteln angefahren. Wegen der großen Hitze sollten bei der Autofahrt die Temperaturanzeigen beobachtet werden; Wasser für den Kühler gibt es in Tanks an den Straßen. Im Fall einer Panne beim Wagen bleiben.

Sehenswürdigkeiten: Die landschaftlichen Schönheiten sind außerordentlich: Sanddünen bei Stovepipe Wells, Devil's Golf Course (Tausende kleiner Salzsäulen), Zabriskie Point (farbige, wellenförmige Felsen, besonders schön bei Sonnenauf und -untergang), Dante's View (Blick auf Salzseen und kahle Berge), Badwater (mit 86 Meter unter dem Meeresspiegel der tiefste Punkt der westlichen Hemisphäre), Artist's Palette (in Regenbogenfarben leuchtende Felsen) und der Uhebebe Krater. Sehenswürdigkeiten sind Scotty's Castle (Wüstenvilla im spanischen Kolonialstil, Führungen durch den Komplex) und die Harmony Borax Works.

Unterkunft: Neun Campingplätze. Weitere Übernachtungsmöglichkeiten gibt es in Stovepipe (Motel) sowie in Furnace Creek Ranch (große Motelanlage mit Schwimmbad, Golfplatz, Restaurant und Campingplätzen) und im exklusiveren Furnace Creek Inn. Zu ihm gehört sogar ein Golfplatz. In den Wintermonaten ist eine Reservierung unbedingt notwendig. Informationen über sie erteilt Fred Harvey Inc., P.O. Box 187, Death Valley, CA 92328. Restaurants am Besucherzentrum sowie an zwei weiteren Orten.

Information: Im Furnace Creek Visitor Center am Highway 190. Dort und in den Ranger Stationen auch Hinweise auf richtiges Verhalten in der Hitze.

Joshua Tree

Über 2200 Quadratkilometer großes Naturschutzgebiet mit bizarren Joshua-Bäumen (Yucca brevifolia) und zerklüfteten Felsformationen. Besonders reizvoll im National Monument ein Feld mit Bigelow Cholla-Kakteen.

Anfahrt: Mit dem Auto.
Unterkunft: Neun Campingplätze ohne Wasseranschluß. Motels und Restaurants in umliegenden Orten.
Information: An den Park-Eingängen.

Anza Borrego Desert

Mit über 240 000 Hektar der größte State Park Kaliforniens. In weiten Teilen unberührtes Gebiet mit kleinen Oasen und Canyons, berühmt wegen der Wildblumen- und Kakteenblüte (meist Mitte März bis Anfang April). Keine Übernachtungsmöglichkeit.

Mojave

Kleine, hauptsächlich von den Mitarbeitern der Edward Air Force Base (Raumfahrt) bewohnte Wüstenstadt und Kreuzungspunkt für die Straßen durch die Einöde. Nach Norden der großartige Rock Canyon State Park (Campingmöglichkeit). Eine kleine Abzweigung führt nach Randsburg, einer Bergarbeitersiedlung mit sehenswertem Desert Museum.

Palm Springs

Oasenstadt mit den Gemeinden Cathedral City, Rancho Mirage, Palm Desert und La Quinta im Coachella Valley

Calico ist eine der verlassenen Städte

(heiße Quellen); seit den zwanziger Jahren Winterrefugium der Hollywood-Stars wie Bob Hope, Frank Sinatra und Kirk Douglas. Zur Hälfte liegt es auf dem Agna Caliente Indianerreservat.

Anfahrt: Mit dem Auto, dem Greyhound-Bus oder dem Flugzeug.
Sehenswürdigkeiten: das Desert Museum (Naturgeschichte, amerikanische Kunst, Kunst für Kinder und Skulpturengarten, geöffnet Ende September bis zum ersten Sonntag im Juni, Dienstag bis Freitag von 10 bis 16 Uhr, Samstag und Sonntag von 10 bis 17 Uhr) und Living Desert, ein Freigelände mit allen Wüstenpflanzen und Tiergehegen (geöffnet täglich von 9 bis 17 Uhr, vom 16. Juni bis 31. August geschlossen).
Unterkunft: Viele Luxushotels und zahlreiche Motels. Die Preise sind im Winter sehr hoch, im Sommer manchmal um die Hälfte billiger.
Ausgehen: Viele Restaurants und andere Lokale, auch in gehobener Klasse.
Sport: Vor allem Tennis (rund 300 Anlagen) und Golf (60 Plätze).
Ausflüge: Zum Anza Borrego State Park, zum 1000 Quadratkilometer großen Salton Sea (Schutzgebiet für Zugvögel, viel Wassersport) und per Gondel auf dem Mount San Jacinto (an Werktagen von 10 bis 21.15 Uhr, an Wochenenden von 8 bis 21.15 Uhr, im September geschlossen).

Las Vegas

Spielerstadt in Nevada, in jedem Jahr rund 15 Millionen Besucher.

Anfahrt: Mit dem Auto, Greyhound-Bus, dem Zug (von Los Angeles und Salt Lake City, Utah) und dem Flugzeug.
Sehenswürdigkeiten: Casinos am sechs Kilometer langen »Strip« wie Circus-Circus, El Rancho, Caesar's Palace, in ihnen unter anderem Abertausende von »einarmigen Banditen«; Hochzeitskapellen, wo man für wenige Dollar heiraten kann; extravagante Hotels.
Unterkunft: Zahlreiche Hotels und Motels, eine Jugendherberge.
Ausgehen: Spitzenshows mit Weltstars in den Casinos und Hotels. Sehr günstige Buffets in den Casinos, mit denen Spieler angelockt werden sollen.
Ausflüge: Zum Hoover Dam mit Führung durch das Kraftwerk, zum Lake Mead und zum Death Valley. Östlich liegt eine halbe Tagesreise entfernt der Grand Canyon.

Alte Eisenbahn: Die Calico & Odessa Railroad

Blick über das Joshua Tree National Monument

Golfspieler in Palm Springs

Dennoch wohlgenährt

Der Süden Kaliforniens ist Wüstenland, das teilweise als Naturschutzgebiet ausgewiesen ist. Das größte und bekannteste ist das Death Valley National Monument an der Grenze zu Nevada.
Weniger berühmt sind kleine Reservate wie der Anza Borrego State Park östlich von San Diego. Das mit 240 000 Hektar größte Naturschutzgebiet unter kalifornischer Verwaltung bietet zahllose Canyons und ausgetrocknete Wasserläufe, in denen rund 150 Vogelarten nisten.

Sandwüste im Death Valley

Felsen wie Wellen: der Zabriskie Point im Death Valley

Wer in L. A. unterwegs ist, braucht eine Straßenkarte
und einen guten Orientierungssinn. Über zehn
Millionen Menschen drängen sich in der ausladenden
Metropole. Bekannt ist vor allem der Stadtteil
Hollywood, an dessen Stars Fred Astaire, Bette Davis,
James Dean und Clark Gable ein Wandgemälde
(großes Bild) erinnert.

LEGENDS OF HOLLYWOOD

LOS ANGELES *Vom Kuhdorf zum Stadt-Monstrum*

Autostadt L. A. – auch in der Kunst

Laden mit Strohhüten in der Olvera Street

Kirche im spanischen Stil

Skulptur vor der Western Bank

Straßenmusik wie in Mexiko

Farmer John gewidmet: Landwirtschaft im Wandbild

Niemand weiß genau, wie viele Menschen in Los Angeles leben. Schätzungen gehen von zehn, vielleicht auch 12 Millionen Menschen aus, die sich in der Metropole Südkaliforniens drängen.

Täglich kommen neue hinzu, Mexikaner vor allem. In manchen Stadtteilen ist Spanisch bereits die meistgesprochene Sprache; man hört mexikanische Musik, und in Geschäften werden Gebrauchsgegenstände und Andenken aus Mexiko verkauft. Los Angeles ist eine Autostadt. Natürlich fahren auch Busse, doch ein Nahverkehrskonzept gibt es nicht. Wer rasch vorankommen will, nimmt das Auto, und eine gute Straßenkarte zählt zum notwendigen Zubehör. Von Nord nach Süd und von Ost nach West durchziehen Verkehrsadern die Stadt. Die Blechlawinen schieben sich an Knotenpunkten manchmal in drei oder vier Stockwerken übereinander vorbei.

Häusermeer: Blick auf Downtown L. A.

Spiegelungen in glasverkleidetem Hochhaus

der Wüste nicht die glänzende Oase geworden. Ohne den kreativen, unternehmerischen Geist hätte hier nicht ein einziger amerikanischer Traum verwirklicht werden können, und ohne das Prinzip, daß jeder so sein darf wie er will, wäre diese Stadt heute nicht der große Schauplatz – und das große Schlachtfeld – moderner Zivilisation. So gesehen sind L. A. die Initialen für alles Typische in der Neuen Welt: Nirgendwo sonst hat die legendäre amerikanische Karriere vom Tellerwäscher zum Millionär so sichtbare Gestalt angenommen, nirgendwo sonst ist Amerika so sinnlich zu erfahren.

In L. A. machen manchmal Tellerwäscher Karriere

Wer von San Francisco kommt und noch die noble Schönheit mancher Straßen und Plätze in Erinnerung hat, wird zunächst das Provisorische und Willkürliche an Los Angeles erkennen. Wohl gibt es auch hier ein Downtown mit leuchtenden Wolkenkratzern und demonstrativen Türmen finanzieller und wirtschaftlicher Macht, aber kein urbanes Zentrum. Tatsächlich ist Los Angeles eine Stadt ohne Mitte, ohne Kern.

Wer Los Angeles entdecken will, benötigt zwei Hilfsmittel: ein Auto und eine gute Straßenkarte. Natürlich fahren in der Metropole von der Ausdehnung eines halben Regierungsbezirks auch Busse, doch sie sind halbe Ewigkeiten unterwegs.

Los Angeles verlangt eine extreme Mobilität; dem Individualverkehr sind alle Wege geebnet worden – vielfach auch in die Höhe. In vier, fünf Stockwerken bewegt sich die Blechschlange an der Kreuzung mancher Freeways voran; die Autos tragen dabei zu dem extremen Smog bei, der an manchen Tagen wie eine braune Wolke über dem Tal schwebt. Dank der guten Beschilderung ist der Weg zu den vielfach 30 oder 40 Kilometer entfernt liegenden Sehenswürdigkeiten aber meistens gut zu finden.

Wettkampf der Städte: von Adel und Emporkömmlingen

Die junge Geschichte und die scheinbare Desorganisation der Stadt mögen es mit sich bringen, daß man von San

Erschreckend und faszinierend zugleich ist L. A., wie die auf Abkürzungen getrimmten Amerikaner Los Angeles nennen. Die gigantische Metropolis aus einem halben Hundert Städte breitet sich über eine Million Hektar Land aus – fast unübersehbar, unfaßlich. Ein Ort, der selbst die im Umgang mit Superlativen vertrauten Yankees manchmal verwirrt.

Man kann es sich leicht machen mit Los Angeles, indem man sich auf ihre Synonyme beschränkt: auf Hollywood, Beverly Hills und Disneyland. Man kann schnell mit der Stadt fertigwerden, wenn man sie als Kristallisationspunkt aller Vorurteile gegen Amerika betrachtet – und man läge nicht einmal falsch damit. Ohne Zweifel bietet sie all jenen Kritikern reichlich Stoff, die an den Vereinigten Staaten die traditionslose Abkunft, das ohne Organisation wuchernde Wachstum, die bedingungslose Unterwerfung unter den technischen Fortschritt und eine Ellbogen-Gesellschaft beklagen, die rücksichtslos den Schwächeren ausgrenzt.

Aber Los Angeles ist auch der Ort, an dem die amerikanischen Tugenden ihren größten Triumph feiern. Ohne den Glauben an die Kraft des Menschen wäre aus einem schäbigen Dorf am Rande

Mann's Chinese Theatre in Hollywood . . .

Immer wieder in Flammen: Show in Hollywood

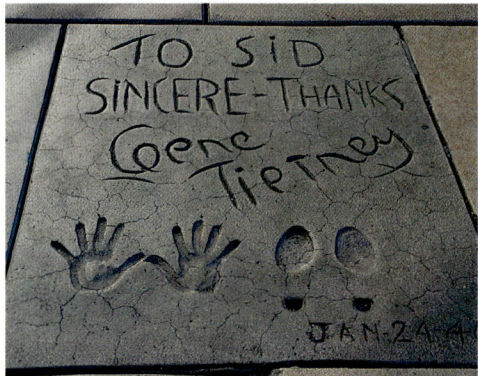

. . . und davor eine spezielle »Visitenkarte«

Mit dem Bus durch die Universal Studios

Namen von Stars auf dem Walk of Fame

Alter Kinopalast im Westwood Village

Los Angeles ist eine Stadt des Films, und Hollywood ist ein Synonym für die Entwicklung des US-amerikanischen Films, obwohl viele Streifen längst anderswo gedreht werden. Hollywood ist dennoch eine Attraktion für Touristen, denen die Tricks und Illusionen des Films auf Rundfahrten vorgeführt werden. Viele Schauspieler und Künstler leben in Los Angeles, vorzugsweise im wohlhabenden Beverly Hills.

Francisco aus mit der Überlegenheit des Aristokraten auf den Emporkömmling aus der Gosse blickt. Bis heute wird in den Zeitungen beider Städte mit spitzer Feder ein ironischer Wettkampf ausgetragen. Er kann sich allerdings nur noch auf Fragen des Stils, des Geschmacks und des Gefühls beziehen, denn auf allen anderen Gebieten hat Los Angeles die Konkurrentin längst überflügelt.

Gewichte verlagern sich: Big Orange gegen Big Apple

In einem Raum, in dem zehn oder zwölf Millionen Menschen leben – niemand weiß es genau und ebensowenig ist bekannt, wie viele Mexikaner jeden Tag nach ihrem nächtlichen Gang über die Grenze in dieses ungeheuerliche Gebilde einsickern – hat sich inzwischen eine gewaltige Wirtschaftsmacht zu-

Blick entlang dem Sunset Strip

Science-fiction-Show zum Mitmachen

sammengeballt. Sie gründet sich nicht allein auf die großen Konzerne, sondern auf Klein- und Mittelbetriebe, die durch Erfindermut, verbunden mit niedrigen Löhnen für lateinamerikanische Chicanos und Immigranten aus Asien, eine außerordentliche Produktivität entwickeln. Und schon schickt sich Greater Los Angeles, die »Big Orange«, an, New York, den »Big Apple«, zu überflügeln: durch mehr Wirtschaftswachstum, mehr Menschen, mehr Frachtumschlag im Hafen, mehr ausländische Investitionen. Zum erstenmal in der Geschichte der Vereinigten Staaten verlagern sich die Ge-

wichte von der alt gewordenen Ost- an die Westküste. Hier entsteht das Labor der amerikanischen Zukunft.

Zur Zeit des Goldrausches war L. A. ein Kuhdorf ...

Letzten Endes scheinen sich der alte und doch immer noch frische Geist des Wilden Westens und die kalifornische Ideologie »Motion is progress« – Bewegung ist Fortschritt – durchzusetzen, die einmal mit dem aggressiven Drang in eine unentdeckte Wildnis begann und die bis heute das Leben in Los Angeles bestimmt. Zum Beispiel auf dem Geflecht der Freeways, auf dem sich tagtäglich in einem ununterbrochenen Rhythmus Hunderttausende Autos nach ähnlich rätselhaften Gesetzen wie die in einem Ameisenbau bewegen.

So gesehen ist es kein Zufall, daß Los Angeles auch seinen ersten Aufstieg einer großen Bewegung verdankt – den Eisenbahnen. Zwar hatte es bereits ab 1771 am Fuß der San Gabriel-Berge eine Mission der spanischen Franziskanermönche Pedro Cambón und Angel Somera gegeben, und am 4. September 1781 hatten elf mexikanische Siedlerfamilien nach einem Fußmarsch von 2000 Kilometern damit begonnen, neben dem Indianerdorf Yang-na den Pueblo Los Angeles zu bauen. Aber während San Francisco und Sacramento durch den Goldrausch zu turbulenten Städten wurden, blieb hier im Süden alles beim alten. Los Angeles war ein schläfriges, unter der Hitze stöhnendes Dorf mit einem erbärmlichen Leben, auch wenn es einmal für ein paar Monate zur Hauptstadt von Alta California ernannt wurde.

... mit Banditen, Spielern und reichen Rancheros

Es änderte sich zunächst wenig, als nach dem amerikanisch-mexikanischen Krieg und der Annektierung Kaliforniens durch die USA die ersten Yankees ihren Fleiß, ihre Tüchtigkeit und ihre rüden Sitten importierten. 1870 hatte der Pueblo etwa 5700 Einwohner. Der übliche Mord- und Totschlag der Pionierzeit bestimmte das Leben, dominiert von mexikanischen Banditen, weißen Revolvermännern, Spielern und reichen Rancheros, die der guten alten Zeit nachtrauerten, in der sie »ein

Fish Market: Restaurant in Long Beach

Vorderdeck der Queen Mary

Alte Villa an der Stone Canyon Road

Nur einmal geflogen: Wasserflugzeug von Howard Hughes

Bibliothek von Huntington

Interessante Architektur am Rodeo Drive, Beverly Hills

Beverly Hills ist in Los Angeles der Stadtteil der Wohlhabenden. An Straßen wie der Stone Canyon Road stehen ihre Häuser; mal prächtig im Stil von Herrenhäusern der Südstaaten, mal extravagant und skurril. Alles, was gerade »in« und teuer ist, stellen die Läden am Rodeo Drive, der Einkaufsstraße von Beverly Hills, aus. »81 000 tons of fun« lautet ein Werbespruch für das frühere Passagierschiff Queen Mary, das am Long Beach festgemacht ist. Der alte Oceanliner ist ein Hotel, vielbesuchtes Museum und Vergnügungszentrum. Neben der Queen Mary steht in einer Ballonhalle die Spruce Goose des Multimillionärs Howard Hughes.

Huntington: der Kakteengarten

ben. 1887 lockte Henry Carr aus Iowa durch sein Buch »Los Angeles: City of Dreams« abermals Tausende aus dem Mittelwesten hierher; Kleinbürger vor allem, die die Vision vom unbeschwerten Leben in einer großen Stadt in sich trugen.

73

ben. 1887 lockte Henry Carr aus Iowa durch sein Buch »Los Angeles: City of Dreams« abermals Tausende aus dem Mittelwesten hierher; Kleinbürger vor allem, die die Vision vom unbeschwerten Leben in einer großen Stadt in sich trugen.

»California on Wheels«: im Waggon auf PR-Tour

Noch mehr Öffentlichkeitsarbeit aber leistete Frank Wiggins. Er war todkrank, als er in Kalifornien ankam, genas aber auf wunderbare Weise. Daraufhin begann er damit, die Dinge, denen er angeblich sein Leben verdankte – die Sonne, den Wein und den Orangensaft – mit einer beispiellosen Kampagne zu verkaufen. Als Geschäftsführer der Handelskammer von Los Angeles erfand er Ende des letzten Jahrhunderts »California on wheels«, einen Eisenbahnwaggon, der mit prächtigen Orangen, Trauben und Melonen durch die Vereinigten Staaten rollte. Er überschwemmte das ganze Land mit Werbeschriften und propagierte das neue Paradies auf großen Ausstellungen in New Orleans und Chicago: Ein Stück Erde mit ewiger Sonne und einem milden Klima im Sommer wie im Winter, ein Ort für alle mit der Sehnsucht nach dem sorgenlosen Leben im Freien. Wiggins legte damit den Grundstein für die Metropolis Los Angeles. Im Jahr 1930 lebten eine Million Menschen in ihr, zehn Jahre später bereits 1,5 Millionen, und bis 1980 war die Zahl der Einwohner auf drei Millionen angestiegen, die Satellitenstädte nicht mitgerechnet. Prognosen sagen aus, daß diese bis zum Jahr 2010 zu einem Großraum mit 19 Millionen Menschen zusammenwachsen werden.

Mut zum Experiment führte zum wirtschaftlichen Erfolg

»Gott tat viel für Los Angeles, aber Frank Wiggins besorgte den Rest.« Dieser Satz mag seine Berechtigung haben, was das Wirtschaftswachstum der Stadt und ihren geschäftlichen Erfolg angeht. Doch sie wären nicht möglich gewesen ohne die Träume und Illusionen von Freiheit und Selbstverwirklichung, ohne den Mut zum Experiment und ohne die Lust zur Veränderung. Auf seltsame Weise scheint gerade die trockene Erde

fröhliches, gedankenloses Leben führten, ungestört von Politik und Sorge für die Allgemeinheit«, wie es oft hieß.

Dem Spätentwickler half die Eisenbahn auf die Füße

1871 jedoch kam der große Einschnitt. Am 5. September wurde der letzte Nagel für den Schienenweg der Southern Pacific Railroad eingeschlagen, der Los Angeles mit der zivilisierten Welt im Osten verband. Wenig später stieß auch die Konkurrenz der Santa Fé Railroad bis hierher vor. Jetzt begann die Amerikanisierung des Südwestens. 100 Dollar kostete die Reise von Chicago in den Goldenen Westen zunächst noch; in die Region, die Agenten und Land-Büros in riesigen Stücken – und mit den tollsten Versprechungen – zu verkaufen versuchten. Bald sank der Fahrpreis auf einen Dollar; ein lächerlich kleines Eintrittsgeld für den Platz an der Sonne. Doch der Boom dauerte nicht lange. Als die meisten Investoren merkten, daß ihr neues Land nichts als Wüste war, verließen sie das vermeintliche Paradies fluchtartig. In fünf Jahren sank die Einwohnerzahl von Los Angeles um rund 5000.
Die Legende vom Garten Eden am Pazifik war damit allerdings nicht gestor-

Einkaufszentrum in Beverly Hills

Muskelmänner am Muscle Beach

Spaziergänger am meilenweiten Strand von Venice

Unterwegs mit Skateboard und Hund

Der Tanz auf Rollschuhen lockt Zuschauer an

Verkleidet wie beim Maskenball

Sehen und gesehen werden, so könnte das Motto für die Strandpromenade von Venice lauten. Sie dient den Schönen, Starken und Sportlichen als Bühne für ihre Selbstdarstellung. Muskelmänner trainieren vor den Augen der Zuschauer im Bodybuilding-Ring unter freiem Himmel. Rollschuhfahrer und Breakdancer tanzen nebenan auf dem Ocean Front Walk um die Wette, Straßenmusiker und -künstler treten auf.
Gründer von Venice war der Tabakkönig Abbot Kinney, der in der sumpfigen Region eine Wasserstadt nach dem Vorbild Venedigs bauen ließ; die Kanäle wurden überwiegend wieder zugeschüttet.

Maschinen wie bei Easy Rider

Die Straße als Bühne: tanzende Rollschuhläufer

Immer weiter in die Knie beim Limbo Dance

Ganz cool: Eleganz beim Breakdance

Südkaliforniens der ideale Nährboden für ein großes Fantasialand und eine Art Reagenzglas für die Innovationskraft von Menschen zu sein.

Heute begegnet man dem Ergebnis in vielen Formen. Dazu gehören John Portmans funkelnde Türme des Bonaventure Hotels, die lächerlich-grandiose Crystal Cathedral des Predigers Robert Schuller in Garden Grove, die scheinbar sinnlosen bizarren Watts Towers, die der Sonderling Simon Rodia aus dem Abfall der Zivilisation gebaut hat, oder die Achterbahn im Vergnügungspark Magic Mountain – und natürlich Hollywood und Disneyland. Nirgendwo anders hätten diese Fabriken der Imagination entstehen können.

Hollywood lieferte die Vorbilder für die Nation

Sicher haben bei der Geburt von Hollywood auch das Licht und die Sonne mitgeholfen, denn der frühe Film brauchte noch die Natur, um zittrige Bilder auf das Zelluloid zu bannen. Daß daraus eine mächtige Industrie wachsen konnte, liegt daran, daß die Erfinder von Träumen eine Atmosphäre vorfanden, die frei von Traditionen und Konventionen war.

Was von dem »Stechpalmenwald« ausging, in dem eine Dame namens Daeida Martell Willcox in ihrer Siedlung Neu-Jerusalem eine okkultistische Sekte um sich geschart hatte, die sich vergeblich dem Ansturm der Sünde entgegenstemmte, wurde bald zu einer mächtigen Botschaft.

Hollywood lieferte die Vorbilder für die Nation. Hier wurden die stilbildenden Kunstfiguren geschaffen, die Millionen nachahmten, ihre Frisuren, ihre Moden und ihr Sexualverhalten. Zugleich wurde Hollywood zum Inbegriff für Glück, Erfolg und Reichtum – und damit auch Los Angeles zu dem Ort in den Vereinigten Staaten, der jedem zumindest die Hoffnung auf eine Chance gab.

Die Inkarnation der Illusion ist Disneyland. Der Vergnügungspark ist nicht nur ein Erlebnisspielplatz für Kinder, sondern die perfekte Verwirklichung einer Welt »erwachsener« Träume. Ihr Repertoire reicht vom moralisierenden Märchen bis zur Besiedlung des Weltraums, mit Mickey Mouse als Leitfigur in dieser suggestiven Scheinwelt. Seit die Maus vor mehr als sechzig Jahren das Licht der Welt erblickte – gezeichnet von dem genialen Cartoonisten Ub Iwerks und produziert von Walt Disney –, ist sie die Stimme Amerikas geworden, die Stimme der schweigenden Mehrheit.

Wer nicht mithält, bleibt auf der Strecke

Die Faszination von Disneyland rührt nicht zuletzt von der Darstellung des »American dream«; alle die den riesigen Park bevölkernden Figuren sind schmiegsame Überlebenskünstler, und hier wird der Beweis geliefert, daß offenbar nichts unmöglich ist.

Gleichzeitig sind in Los Angeles allerdings auch die menschlichen Grenzen zu erkennen. Es wäre zum Beispiel ein noch viel fürchterlicheres Ereignis als ein großes Erdbeben (vor dem im Fernsehen und in Zeitungen immer wieder gewarnt wird), wenn man dieser Stadt das Auto, das Telefon und die Klimaanlage entzöge. Sie hat sich so sehr von technischen Hilfsmitteln abhängig gemacht, daß ein Überleben ohne sie nicht mehr möglich wäre.

Das Wachstum zum urbanen Monstrum birgt zudem die Gefahr, daß der Moloch eines Tages unbeherrschbar wird und daß der innere Friede dieser Vielvölkerstadt im Staat Kalifornien zerbricht. Los Angeles hat zwar auf geniale Weise – und auf Kosten des gesamten kalifornischen Südens, der fast ausdörrt – das existenzielle Problem der Wasserversorgung gelöst, indem das kostbare Naß in riesigen Rohren in die Stadt gepumpt wird. Aber für die so-

Kinder mit geliebten Disneyfiguren

Straßenecke wie in New Orleans

Fast wie Charly Chaplin . . .

Neuschwanstein in Miniformat

Eine reibungslos funktionierende Unterhaltungsmaschinerie des Cineasten Walt Disney erwartet Besucher in Anaheim. Disneyland ist in die Abschnitte Land der Zukunft, Märchenland, Land der Bären, Land der Trapper und Waldläufer, New Orleans Square und Abenteuerland aufgeteilt. Sie sind durch die Main Street, eine Geschäftsstraße nachempfunden im Stil der 1890er, miteinander verbunden. Auf einem Areal von 30 Hektar werden den Gästen Attraktionen wie Fahrten mit einem Mississippi-Dampfer oder mit Indianer-Kanus geboten.

Donald und Daisy einmal ganz nahe

Wie einst auf dem Mississippi

Sportliche Betätigung im Indianerkanu

Auch Karussells gehören zu Disneyland

zialen Spannungen gibt es keine technische Lösung. Sie gehören zu den Schattenseiten der Dynamik von Los Angeles, das immer noch wie ein Magnet auf die Industrien und die Menschen im Osten wirkt. Die Ärmeren werden zu Tausenden unter die Freeways verbannt und in Gettos zusammengepfercht. Das gilt vor allem für die Schwarzen, die in Watts, Compton oder South Gate, bedrückenden Vierteln mit Armut, Bandenkriegen und Rauschgift, hausen. Das gilt auch für die »Hispanics«, Mexikaner vor allem, die sich in den Barrios sammeln; Slums, die jede Nacht neuen Zuzug aus dem armen Nachbarstaat erhalten. 1995, so schätzt man, werden Mexikaner vierzig Prozent der Gesamtbevölkerung von Greater Los Angeles stellen. Hier bildet sich ein Sprengsatz, der sich eines Tages entzünden könnte.

Vorurteile widerlegt: auch Kultur hat ihren Platz

Hier formiert sich auch mehr als der vergebliche Protest gegen immer mehr weiße Freeways durch schwarze Schlafzimmer, zumal Los Angeles mit fast zynischer Offenheit den Gegensatz zwischen Reich und Arm zur Schau stellt. Schamlos deutlich wird das Oben und Unten im Gegensatz der prunkvollen Villen auf den Hügeln und den endlosen schäbigen Straßen in der trockenen Ebene. Denn was der schwarze Bürgermeister Tom Bradley, der seit 1973 immer wieder gewählt worden ist, eine »Regenbogenstadt« nennt, ist in

Wirklichkeit ein brodelnder Kessel, der jeden Moment überkochen kann.

Es ist kein Wunder, daß Los Angeles immer wieder die Kritik herausfordert als eine Stadt des falschen Glanzes, als Smogville oder Capital of Kitsch – bis hin zu dem vielzitierten Satz, daß es hier keine Kultur gebe außer im Yoghurt. Gerade dieser Satz stimmt allerdings am wenigsten, wenn man die vielen Theater und die mit privatem Geld großartig ausgestatteten Museen betrachtet.

Aber diese Stadt läßt sich nicht mit normalen und schon gar nicht mit europäischen Maßstäben messen. Dieses Ellis Island der Westküste, wo sich ohne die große Geste einer New Yorker Freiheitsstatue alle Verlockungen und Versprechungen des alten Amerika in einer modernen Form wiederholen, läßt sich auch nicht betrachten wie eine gewöhnliche Stadt.

Hinter der Oberfläche steckt die Faszination

Es gibt hier nicht die »klassischen« Sehenswürdigkeiten, an denen sich die Geschichte ablesen läßt. Höchstens in den friedlichen Höfen der Mission San Gabriel und an der Plaza des alten Pueblo gleich neben den Beton-Giganten von Downtown stellt sich etwas restaurierte Erinnerung ein, vor allem wenn hier am 5. Mai die Mexikaner mit Mariachi-Musik und bunten Aufzügen ihren Unabhängigkeitstag feiern.

Man muß ganz Los Angeles, ihre Ungeheuerlichkeit, ihren Lärm und ihren pulsierenden Rhythmus als Sehenswürdigkeit nehmen – als eine Sehenswürdigkeit des Lebens in all seinen Formen, seinen Kuriositäten, seinen Exzessen und seinen Schrecken. Dann erst wird man gewahr, daß sich hinter einer kalten Oberflächlichkeit ein faszinierendes Gebilde verbirgt, und erst dann wird die Stadt zu einem dramatischen Ereignis.

Nur wer sich treiben läßt, wird L. A. etwas verstehen

Leben ist zum Beispiel die Reise durch die Stadt auf dem Geflecht der Freeways, die zu einer modernen Odyssee wird, wenn man sich vom rasenden Blechstrom treiben läßt. Leben ist Venice, wieder eine Geburt der kaliforni-

Postkutsche in Knott's Berry Farm

Rast mit hölzernen Goldgräbern

Im Saloon werden die Röcke geschwungen

Snoopy zum Anfassen

In Buena Park unweit der Stadt Anaheim im Orange County liegt ein weiterer Vergnügungspark: Knott's Berry Farm. Von einem Imbiß und späteren Restaurant für Hühnchengerichte schufen Walter und Cordelia Knott dieses Großunternehmen, das in jedem Jahr von rund vier Millionen Menschen aus aller Welt besucht wird. Schilder im Orange County weisen auf den Park hin, dessen Attraktionen vom zehn Millionen Dollar teuren Camp Snoopy für Kinder bis zu Revuen aller Art reicht.

schen Fantasie und der närrischen Träume, die den Tabakgroßhändler Abbot Kinney bewegten. Zwar ist die Kopie der mittelmeerischen Lagunenstadt längst von Beton überwuchert und die meisten der Kanäle sind zugeschüttet, aber am Strand trifft sich die Jugend von Los Angeles zur kultischen Verehrung des Körpers: Darsteller und Selbstdarsteller der Sinneslust, Skateboard-Künstler, Breaktänzer, Sektierer, Philosophen und ihre Voyeure.

Leben ist auch der Rodeo Drive mit seinen unvorstellbar teuren Modeläden, der in überschwengliche Blütenfülle gehüllte Luxus der Villen von Beverly Hills und der Sunset-Boulevard, der sich von Meile zu Meile verwandelt — zuerst ein schreiendes, von Lichtern und Reklame überfülltes Ungeheuer und dann eine stille Straße, die sich durch das Grün zum blauen Meer hinabwindet. Leben ist Newport Beach am Pazifik, wo die Reichsten der Reichen in einer geschlossenen Gesellschaft zu Hause sind, die Skid Row, an der sich die Penner zum Schlaf im Rinnstein versammeln, und der Hollywood Boulevard, wo die Touristen die Spuren der Filmstars im Asphalt suchen.

Los Angeles muß fremd und abweisend bleiben, wenn man sich nicht ihrem Sog und ihrem Tempo anpaßt. Mit europäischer Gelassenheit kommt man nicht weit, sondern die Stadt verlangt »action« — die ruhelose Bewegung. Dann erst wird sie zu einem Abenteuer und zu einem schönen, aufregenden und erschreckenden Ereignis.

Los Angeles

Die größte Stadt Kaliforniens mit gut zehn Millionen Einwohnern. Die Los Angeles Metropolitian Area (oder Greater L. A.) hat einen Durchmesser von rund 80 Kilometern; ein Stadtzentrum gibt es nicht. Los Angeles ist bis heute bedeutend im Film- und Fernsehsektor und hat wichtige Industrien.

Anfahrt: Mit allen Verkehrsmitteln. Vom Flughafen aus gibt es einen Bus-Service unter anderem nach Downtown und Hollywood.

Fahren in der Stadt: Es gibt kein ausgebautes Nahverkehrssystem, jedoch fahren Busse des Rapid Transit District (RTD) in die Stadtteile. Informationen beim RTD, 425 S. Main Street. Um Los Angeles zu erkunden, ist ein Auto sinnvoll.

Unterkunft: Die Zahl der Hotels und Motels ist nicht zu übersehen. Sie konzentrieren sich in Downtown, am Wilshire Boulevard, in Century City und in Hollywood/Beverly Hills. Zu den Spitzenhotels gehören Bel Air, L'Eremitage und Beverly Wilshire in Beverly Hills sowie das Bonaventure, das New Otani und das Sheraton-Grande in Downtown. Billige Übernachtungen bieten die Jugendherbergen und die Hotels des YMCA.

Sehenswürdigkeiten: Sie liegen weit verstreut. Deshalb ist es sinnvoll, die Stadt in Sektoren aufzuteilen:

Downtown: Geschäftszentrum mit vielen Hochhäusern und Hotels. Sehenswert die City Hall (schöne Aussicht vom Turm), der Komplex des Music Center mit dem Dorothy Chandler Pavillon (Schauplatz der Oscar-Verleihung), das Bradbury Building mit einer riesigen Empfangshalle und der Grand Central Market. Direkt neben Downtown das historische Zentrum von Los Angeles mit Teilen des alten Pueblo (unter anderem Avila Adobe von 1818, das älteste Haus der Stadt, Pico House von 1869, Wohnsitz des letzten mexikanischen Gouverneurs, Plata Church und die von Souvenirläden gesäumte Olvera Street). Angrenzend an Downtown: Little Tokyo und Chinatown.

Wilshire: Am 16 Meilen langen Wilshire Boulevard von Downtown bis Santa Monica liegen zahlreiche Hotels und Restaurants sowie wichtige Sehenswürdigkeiten. Unter anderem Hancock Park mit dem County Museum of Art (asiatische Kunst, Skulpturengarten, alte Filme) und dem George C. Page Museum of La Brea Discoveries (Ausgrabungsstätte mit Funden aus dem Pleistozän). Beide sind täglich geöffnet von 10 bis 17 Uhr. Gegenüber das Craft and Folk Art Museum (außer Montag von 11 bis 20.30 Uhr, sonntags nur bis 18 Uhr). In der Nähe (Abzweigung Fairfax Avenue) Farmers Market mit 160 Läden sowie die Academy of Motion Picture Arts & Sciences (Geschichte der Filmindustrie) am Wilshire Boulevard 8949.

Hollywood: Zentrum ist der Hollywood Boulevard mit dem Walk of Fame (Messingsterne im Bürgersteig für Film-Größen), Mann's Chinese Theatre, dem traditionsreichen Uraufführungskino (davor Hand- und Fußabdrücke vieler Stars) und dem Hollywood Wax Museum (täglich von 10 bis 24 Uhr). Außerdem Hollywood Bowl, ein riesiges Amphitheater (Konzerte von Juli bis September). Im Nordwesten von Hollywood der Stadtteil Glendale mit dem Forest Lawn Memorial Park (Friedhof mit Gräbern von Hollywood-Stars) und dem Griffith Park, dem größten der Vereinigten Staaten; darin Griffith Observatory, Planetarium and Lasarium (unter anderem Raumfahrt-Shows, außer Montag von 13 bis 22 Uhr), dem Greek Theatre (von Juni bis Oktober Freiluftkonzerte aller Stilarten), dem Travel Town (Verkehrsmuseum, täglich von 9 bis 17.30 Uhr) und dem Los Angeles Zoo (täglich von 10 bis 17 Uhr, im Sommer bis 18 Uhr). Beachtenswert auch die Descanso Gardens, unter anderem mit über 600 Kamelienarten (täglich von 9 bis 16.30 Uhr).

Burbank: Stadtteil am Anfang des San Fernando Valley und heute Zentrum der Film- und Fernsehindustrie. Zu besichtigen sind die Studios der Filmgesellschaften Warner Brothers und Columbia Pictures sowie die Universal Studios (Fahrt durch Filmkulissen, Stunt-Shows wie Miami Vice und Conan, der Barbar, alles eingebettet in einen großen Vergnügungspark, täglich von 9 bis 17 Uhr, außerhalb der Sommersaison von 10 bis 15.30 Uhr). Für Besucher offen sind auch die Fernsehstudios von NBC (täglich von 9 bis 16 Uhr, Samstag ab 10 Uhr, Sonntag von 10 bis 16 Uhr).

Beverly Hills: Vom Sunset-Boulevard, der bis zur Küste führt, ein durchschnittenes Wohnviertel der Reichen und der Filmstars (Touren mit Gray Line, Hollywood Fantasy Tour und Starline Tours), deren Villen jedoch meist hinter Mauern und Bäumen verborgen sind. Sehenswert das Hotel Château Mermont im Stil eines normannischen Schlosses (ehemals Quartier für Stars wie Greta Garbo), der Rodeo Drive mit extravaganten Läden und der Westwood Memorial Cemetery (Grab von Marilyn Monroe). Im Südwesten von Beverly Hills Century City, unter anderem mit dem ABC Entertainment Center (öffentliche Fernsehshows).

Santa Monica/Venice: Bevorzugter Badeort von Los Angeles mit fünf Kilometer langen Stränden. Nach Süden hin schließt sich Venice an, geplant als Abbild der italienischen Lagunenstadt. Attraktion ist der Ocean Front Walk, ein bunter Schauplatz für Straßenkünstler, Bodybuilder, Rollschuhfahrer, Gaukler und Musiker. Noch weiter südlich Marina del Rey mit schönen Stränden und Fisherman's Wharf (Restaurants am Meer).

South Bay: Südlich des Internationalen Flughafens mit weiten Stränden und Badeorten wie Manhattan Beach, Hermosa Beach und Redondo Beach sowie der Palos Verdes Peninsula (die schönsten Häuser von Los Angeles). Sehenswert hier vor allem Marine Land (täglich von 10 bis 17 Uhr, im Sommer bis 19 Uhr) mit 4000 Wassertieren und vielen Attraktionen (Shows mit Delphinen und Walen, dazu Baja Reef, ein Becken, in dem man zwischen Fischen schwimmen kann) sowie das Point Vicente Lighthouse (Aussicht), der Sea Lion Point (Seelöwen-Kolonie) und Wayfarer's Chapel, die von Lloyd Wright 1946 erbaute Glaskirche.

Illusion aus Pappe in Hollywood

Long Beach: Hafenstadt von Los Angeles mit dem größten künstlichen Hafen der Welt. Hier liegt das größte Passagierschiff der Welt, die »Queen Mary«, vor Anker. Es wird zugleich als Hotel, Unterhaltungszentrum und Museum genutzt. Direkt daneben der Kuppelbau mit der »Spruce Goose«, dem größten Flugzeug der Welt. Der »Bauherr« Howard Hughes flog damit nur einmal 1,5 Kilometer weit (beide Attraktionen sind täglich geöffnet von 10 bis 18 Uhr). Von Long Beach verkehren Fähren zur reizvollen, autofreien Insel Santa Catalina.

Pasadena: Im Norden von Los Angeles gelegene ruhige Stadt mit hervorragenden Museen wie dem Norton Simon Museum, einer der reichsten Sammlungen europäischer Kunst (geöffnet Donnerstag bis Sonntag von 12 bis 18 Uhr), dem Southwest Museum (amerikanische Geschichte, geöffnet Dienstag bis Sonntag von 13 bis 16.45 Uhr), dem Los Angeles State and County Arboretum (unter anderem berühmte Orchideen-Sammlung, geöffnet täglich von 9 bis 16.30 Uhr) sowie (in San Marino) die Huntington Library, Art Gallery and Botanical Gardens (geöffnet Dienstag bis Sonntag von 13 bis 16.30 Uhr): eine herrliche Anlage mit bedeutender Gemäldesammlung und zauberhaften Gärten.

Orange County: Im Südosten von Greater Los Angeles gelegen. Hier konzentriert sich das organisierte Vergnügen mit Knott's Berry Farm (in Buena Park), der aus einem Nachbau einer Goldgräberstadt hervorgegangene riesige Vergnügungspark, reizvoll vor allem für Kinder (geöffnet Mai bis September von 9 bis 24 Uhr, sonst von 10 bis 18 Uhr, Samstag bis 22 Uhr und Sonntag bis 19 Uhr). Eine Attraktion ist natürlich Disneyland, der berühmteste Themenpark der Welt mit unzähligen Attraktionen. Die spannendsten findet man in Tomorrowland, das faszinierende Shows wie eine Fahrt ins Weltall bietet (geöffnet von 10 bis 18 Uhr, von Mai bis September von 9 bis 24 Uhr).

Restaurants: Das Angebot ist kaum zu überblicken. Typisch amerikanisch zum Beispiel Lawry's The Prime Rib (La Cienaga Boulevard) mit riesigen Steaks und Musso and Frank Grill (Hollywood Boulevard). Französische Küche bieten Bernard's (im Biltmore Hotel, Olive Street) und Michael's (1147 3rd Street). Gut und preiswert essen kann man in

Die Cafeteria im Farmer's Market läßt Zeit zum Entspannen

den zahlreichen Kettenrestaurants wie etwa bei Sizzler's (Steaks, Shrimps). Recht originell ist Pioneer Boulangerie (2012 Main Street, Santa Monica), eigentlich eine hervorragende Bäckerei und ein Feinkostladen mit großem Weinsortiment. Längs der Pazifikküste gibt es viele gute Fisch-Restaurants. Auf ihre Kosten kommen Freunde der mexikanischen Küche.

Nachtleben: Berühmt sind die Comedy Clubs auf dem Sunset und auf dem Hollywood Boulevard. Einer der besten ist Comedy Store mit drei verschiedenen Bühnen (8433 West Sunset Boulevard). Für Jazzfreunde sind unter anderem empfehlenswert: Concerts by the Sea im Fisherman's Wharf von Redondo Beach und Troubador (Rock, Country Music), 9081 Santa Monica Boulevard.

Einkaufen: Lohnenswert in Downtown, dort unter anderem in der Arco Plaza, in der Shopping Gallery des Bonaventure Hotels, an der Broadway Plaza und der Cititorp Plaza, außerdem im Century City Shopping Center, an der Melrose Avenue in Hollywood und am Rodeo Drive in Beverly Hills.

Für den Notfall: Deutsches Generalkonsulat, 6222 Wilshire Boulevard, Suite 500, Telefon 930-2703. Die Notrufnummer ist 911 (Polizei, Feuerwehr, Krankenwagen). Traveller's Aid, Telefon 686-0950. Automobilclub of Southern California, Telefon 741-3111. Highway Patrol über die Notrufnummer oder 736-3374.

Information: Visitor Information Bureau, 695 Figueroa Street (zwischen Wilshire Boulevard und 7th Street), geöffnet Montag bis Samstag von 8 bis 17 Uhr, Telefon (213) 689-8822. Informationen (Hotelliste, Veranstaltungen) enthalten unter anderem die Zeitungen Los Angeles Visitor's Guide und City News Network.

Basketball ist US-amerikanischer Nationalsport – hier gespielt in Venice

Reiche Auswahl im Farmer's Market

Porträtmaler in Venice

Anthony Quinn als Werbeträger für Kleidung

Alter Kinopalast

Christal Cathedral, lächerlich-grandiose Kirche

Strandpromenade in Long Beach

Wer Los Angeles sehen will, leiht sich wegen des mangelhaften Nahverkehrsnetzes am besten ein Auto, kauft sich eine gute Straßenkarte und stellt sich auf längere Fahrtzeiten ein.

Die Entfernungen zwischen den Stadtteilen sind groß, und zu den Hauptverkehrszeiten muß auf den gut ausgebauten Stadtautobahnen mit Staus gerechnet werden.

Die Sehenswürdigkeiten verteilen sich auf das ganze Stadtgebiet von Los Angeles und das südlich angrenzende Orange County.

Smalltalk mit einem Tramp

Stadt des ewigen Frühlings

*San Diego, Pforte der spanischen Kolonisierung, ist eine
rasant wachsende Stadt. Weltbekannt ist das
Aquarium Sea World mit seiner Mörderwal-Show.
San Diego ist auch ein riesiger Schmelztiegel,
der vor allem Scharen von Mexikanern aufnimmt – sie
haben die Brückenpfeiler im Chicano Park
mit Figuren und Gesichtern bemalt.*

Vest Pocket, Geschäft für Krimskrams

Gasse im Old Town State Park

Missionskirche auf dem Presidio Hill in San Diego

Agave vor Haus im spanischen Stil

Altes Schmiede- und Stallgebäude

In San Diego begann die Kolonisierung des heutigen Kalifornien durch eine Gruppe spanischer Missionare. Mehrere Missionen in der Stadt und in der Umgebung erinnern an diese Zeit vor über 200 Jahren, unter ihnen die Kirche auf dem Presidio Hill, Teil des Presidio Parks. In der Geburtsstätte San Diegos sind heute Ausgrabungen im Gang, die weitere Aufschlüsse über die spanische Besiedlung geben sollen. Die Frühzeit der heute rasch wachsenden Stadt spiegelt sich in der restaurierten Old Town wider.

Kirche im Old Town State Park

Üppige Vegetation umwuchert dieses Restaurant

Mason Street School, altes Schulgebäude

Die Geschichte nimmt manchmal einen etwas merkwürdigen Lauf. Von heute aus betrachtet bleibt es ein Rätsel, warum Spanien, das sich mit Gewalt und merkantilem Spürsinn ein weltumspannendes Imperium erobert hatte, im Fall Kalifornien eine so zögernde, unentschlossene Kolonisierungspolitik betrieben hat. Schon im September 1542 hatte Juan Rodriguez Cabrillo, ein Portugiese im Dienst der spanischen Krone, die legendäre »Insel« California entdeckt und in der Bucht von San Diego Anker geworfen. Fünfzig Jahre später folgte ihm Sebastian Vizcaino, der an der pazifischen Küste entlangsegelte. Er fand gute Häfen und schrieb begeisterte Briefe über ein wunderbar schönes und reiches Land nach Madrid, in denen er drängte, es zu erschließen. Aber der ferne König wird sie wohl nicht einmal gelesen haben.

Missionen: billigste Methode der Kolonisierung

Fast zweihundert Jahre blieb Alta Calafornia nichts weiter als ein leerer Fleck auf den spanischen Weltkarten, und wahrscheinlich hätte sich nichts geändert, wäre nicht Spanien durch die Bewegungen einer anderen Großmacht aufgeschreckt worden. Das zaristische Rußland, das sich in Alaska einen ersten Stützpunkt auf amerikanischem Boden geschaffen hatte, begann sich nach Süden vorzutasten.

Nun erst entschloß sich Karl III. zum Handeln. Gaspar de Portolá, dem man

den langweiligen, einer politischen Verbannung ähnlichen Posten eines Gouverneurs von Baja California übertragen hatte, erhielt den Auftrag, das Land zu besetzen. Mit ihm kam Juniperro Serra. Dieser kleine, magere Franziskaner-Mönch, 1713 auf Mallorca geboren, wurde zur heroischen Figur und zum »Apostel Kaliforniens«. Er sollte Missionen errichten – für die Krone die bewährteste und billigste Methode der Kolonisierung, denn diese Stationen des frommen Eifers hatten im ganzen Weltreich bewiesen, daß sie nicht nur fähig waren, im Zeichen des Kreuzes die eroberte Bevölkerung zu unterwerfen, sondern sich schnell selbst zu versorgen und Keimzellen von weltlichen Siedlungen zu werden.

Ein kleines Wunder brachte die Wende

Serras erste Schritte in die unbekannte Welt standen unter keinem guten Stern. Anfang 1769 waren unter dem Kommando Portolás von Baja California aus vier Gruppen – zwei auf dem Landweg und zwei zu Schiff – aufgebrochen. Als sie Ende Juni in San Diego wieder zusammentrafen, war von den 219 Männern nur noch die Hälfte übrig; die meisten waren unterwegs davongelaufen, andere gestorben. Doch Serra ließ sich nicht entmutigen. Feierlich wurde das Kreuz errichtet, er dankte Gott und las eine Messe. Die Indianer betrachteten dieses Treiben zuerst erstaunt und dann voller Mißtrauen, besonders als die Männer begannen, die dem heiligen Didacus von Alcala geweihte Mission zu errichten.

Portolá indes zog mit einigen wenigen Begleitern weiter nach Norden. Bei der Bucht von Monterey kehrte er, hungrig und erschöpft, wieder um. Als er San Diego erreichte, war auch hier die Lage verzweifelt: Wochenlang hatte man vergeblich auf ein Schiff mit Nachschub gewartet. Portolá ordnete den Abbruch des Unternehmens an, doch die Mönche weigerten sich, aufzugeben und baten Gott um Hilfe. Und das kleine Wunder geschah. Am Abend vor der Abreise lief die »San Antonio« im Hafen von San Diego ein.

Als Serra 1784 starb, hatte er neun Missionen gegründet, besessen von der Idee, einen Gottesstaat auf kalifornischem Boden zu errichten – gegen alle

Einkaufszentrum am Horton Plaza

Innenhof im Balboa Park

Prächtiges Gebäude: das National History Museum

Reichverziertes Gebäude im Balboa Park

Der Balboa Park im Norden des Geschäftszentrums hat sich zum bedeutendsten Kultur- und Erholungszentrum der Region entwickelt. An den Wochenenden wimmelt es in dem 566-Hektar-Areal von Straßenkünstlern, Theatergruppen, Rollschuhläufern und Menschen beim Picknick. Der Park beherbergt mehrere bedeutende Museen der Stadt, darunter das Museum of Man mit dem westlichen Amerika als Schwerpunkt, das Natural History Museum, das Art Museum und die bekannte Tinken Art Gallery.

Wandgemälde mit Azteken im Chicano Park

Cafeteria am Horton Plaza

Balboa Park: Teich mit Lotos vor einem Gewächshaus

Widerstände, denn Spanien kümmerte sich nicht um seinen Außenposten. Längst damit beschäftigt, in anderen Teilen der Erde die Ernte seiner Eroberungen einzubringen und nicht mehr vagen Hoffnungen nachzueilen, ließ es Kalifornien schutzlos und unversorgt. Serra selbst eilte nach Mexiko-Stadt, um dem Vizekönig von Neu-Spanien seine Sorgen vorzutragen, doch es nützte nur wenig.

Aber das System funktionierte, zumal Serras Nachfolger Fermin de Lasuén ein Mann mit ähnlichem Eifer und ähnlicher Tatkraft war. In achtzehn Jahren gründete er weitere neun Missionen. In den folgenden 31 Jahren bis zur Säkularisation kamen nur noch drei dazu; insgesamt brachten es die Mönche auf 21 Missionen.

Indianer unterlagen den geschickt ausgelegten Ködern

Das Geheimnis des Erfolgs gründete sich auf die Indianer. Zunächst schienen die Mönche mit ihren Bekehrungsversuchen zu scheitern. Zwar hatten sich in San Diego schon gleich nach der Ankunft der Mönche einige Eingebore-

ne taufen lassen, aber 1775 brannte eine Horde »Wilder« die Mission nieder und erschlug Pater Luis Jayme. Doch nach und nach erlagen die Fischer und Jäger den Verlockungen der bunten Ketten, farbigen Stoffe und der freien Kost. Bis 1821, als Mexiko sich von Spanien lossagte und eine unabhängige Republik wurde, hatten die Franziskaner acht Millionen Morgen Land in ihren Besitz gebracht und den kalifornischen Küstenstreifen in einen blühenden Garten voller Orangen- und Zitronenhaine, Weingärten, Maisfelder und Weiden mit fetten Kühen verwandelt.

1834 verfügte die Regierung die Säkularisation. Die Missionen durften nur noch die Klostergärten behalten, und so verließen die meisten Mönche das gottlos gewordene Land. Als die Amerikaner Mexiko nach einem gescheiterten Versuch, das Schlaraffenland für 500 000 Dollar abzukaufen, am 13. Mai 1846 den Krieg erklärten, fiel Kalifornien den Vereinigten Staaten ohne große Gegenwehr wie eine reife Frucht in die Hände.

Mexikaner: bedeutender Faktor sozialen Lebens

Fast alle Missionen haben ihre ursprüngliche Funktion als Zwingburgen des Glaubens und als Keimzellen der Kolonisation inzwischen verloren. Heute sind sie schöne, liebevoll gepflegte Sehenswürdigkeiten, die kaum mehr etwas widerspiegeln von der Härte, die einmal zur Existenz in einem wilden, unerschlossenen Land gehörte.

Gleich ob sie – wie in Los Angeles und San Francisco – von einer modernen urbanen Architektur überwuchert sind oder – wie La Purissima Concepcion bei Santa Maria – in einer großartigen Einsamkeit liegen, sind sie aber auch Verbindungsglied zu den jüngsten Veränderungen in Kalifornien durch mexikanische Einwanderer. Noch sind es die Armen, die in das Land drängen, aber schon die zweite Generation, die Söhne und Töchter der Arbeiter, ohne die eine gigantische Agrarproduktion nicht mehr möglich wäre, beginnt sich kräftig zu regen und wird zu einem bedeutenden Faktor des sozialen und gesellschaftlichen Lebens.

San Diego vor allem, schon einmal die Pforte der Hispanisierung, wird zum Schmelztiegel. Diese rasend wachsen-

Mission San Luis Rey de Francia

Missionskirche San Diego de Alcala

Show mit Mörderwal in Sea World

Labrillo-Denkmal am Point Loma

Flamingos im Zoo von San Diego

Seesterne im Aquarium von Sea World

Der Mission Bay Aquatic Park, ein maritimer Vergnügungspark, schließt die Mission Bay ein. Auf dem Gelände können alle Arten von Booten gemietet werden, zudem werden allerlei Ausflüge auf die Bucht angeboten.
Die Hauptattraktion ist allerdings Sea World, wo Gästen in Darbietungen dressierte Meerestiere vorgeführt werden. Im Mittelpunkt des Interesses stehen die Mörderwale in ihrem 25 Millionen Liter großen Becken sowie Delphine und Seelöwen mit ihren Kunststücken.

de Großstadt, die mit fast einer Million Menschen längst San Francisco als zweite Metropole in Kalifornien überholt und sich zu einem Ort gewandelt hat, der High-Tech-Industrie ebenso anzieht wie sonnenhungrige Rentner und Touristen, ist Zentrum einer neuen Vitalität. Wie so oft in diesem Land, hat sich auch hier ein kalifornisches Wunder vollzogen.

Lindbergh-Flugzeug brachte den Durchbruch

Fast dreihundert Jahre fristete San Diego ein unscheinbares Dasein, bis 1867 der Möbelhändler Alonso Horton aus San Francisco hierher kam – mit dem Traum, aus diesem öden Flecken die »schönste Stadt der Welt« zu machen. Es war eine fast wahnwitzige Idee, und dennoch hatte sie Erfolg. Horton, der

als sie einen neuen Hochseehafen als Tor nach Mittelamerika schaffen wollten, kam ihnen wieder Los Angeles mit dem größten künstlichen Hafen der Welt zuvor.

Aber dann half das Schicksal doch ein wenig nach. 1925 baute der junge Ingenieur Claude T. Ryan in San Diego das Lindbergh-Flugzeug »Spirit of St. Louis«. Das war der erste Schritt für eine sich schnell entwickelnde Luftfahrtindustrie, der bald die Raumfahrt folgte. Im Zweiten Weltkrieg wurde das Hauptquartier der amerikanischen Pazifikflotte von Hawaii an den südwestlichen Zipfel der Vereinigten Staaten verlegt. Damit erwachte die verschlafene Schönheit und wurde zu einem Ort, über den geredet wurde, genährt vom Lob über ein von der Meerbrise besänftigtes ewiges Sommerklima und über ein Leben, das eine Art Anti-Streß-Programm zu den amerikanischen Großstädten war.

San Diego: ordentlich und uramerikanisch jugendlich

Zuerst zogen die Pensionäre an die mexikanische Grenze, aber als Lee Grissom, der Präsident der Handelskammer, eine gigantische Image-Kampagne für San Diego als lebenswerte Stadt ins Werk setzte, kamen auch Industriebetriebe und Forschungszentren, Universitätsinstitute und Millionen Touristen, um dieses kleine Wunder zu betrachten: auf der einen Seite unamerikanisch ordentlich und ruhig, auf der anderen Seite uramerikanisch jugendlich.

Vielleicht liegt es an der schmeichelnden Wärme, daß daraus kein aggressiver Gegensatz entstanden ist, sondern gelassene Harmonie. Die neue Stadt mit glitzernden Hochhäusern und einem architektonisch glanzvollen Kongreßzentrum, Hoteltürmen und Freizeitattraktionen verbindet sich fast nahtlos mit der sorgsam restaurierten Old Town. Überall ist die Versöhnung von kolonialer Vergangenheit und amerikanischer Gegenwart zu spüren: in dem zur Eröffnung des Panama-Kanals 1915 mit prunkvollem iberischem Dekor gefüllten Balboa-Park, im Gaslamp Quarter mit seinen schönen alten Häusern, die zu neuem Leben erweckt wurden und sogar im Chicanopark unter den Brücken, die über das Wasser auf die Coronado-Halbinsel führen.

Gottesdienst in der Kirche San Diego de Alcala

den Siedlern ihr unfruchtbares Land für ein paar Dollars abgekauft hatte, ließ Pläne zeichnen von seiner Utopie-Stadt und gewann Investoren. Schon zwei Jahre später hatte San Diego dreitausend Einwohner, die energisch begannen, den Konkurrenzkampf mit dem schon großen San Francisco und dem unaufhaltsam wachsenden Los Angeles aufzunehmen. Mit grandiosem Mißerfolg, denn als sie einen prächtigen Bahnhof für die Santa-Fe-Railroad gebaut hatten, war bereits eine direkte Linie nach Los Angeles entstanden, und

Schlichte Kirche San Luis Rey de Francia

San Diego

Mit fast einer Million Einwohnern die zweitgrößte Stadt Kaliforniens.

Anfahrt: Mit allen Verkehrsmitteln.

Sehenswürdigkeiten: Der Balboa Park, Erholungs- und Kulturlandschaft auf dem Gelände zweier Weltausstellungen (1915/16 und 1935/36) mit Bauten in spanisch-maurischem Stil, vorwiegend als Museen (fast alle täglich von 10 bis 16.30 Uhr geöffnet) und Restaurants genutzt. Bedeutend sind das Aerospace Museum, das San Diego Museum of Art (montags geschlossen), das National History Museum, das Museum of Photography, die Timken Gallery (montags geschlossen) und das Museum of Man. Sehenswert außerdem das Reuben H. Fleet Space Theater and Science Center mit dem größten Planetarium der Vereinigten Staaten und faszinierenden Multimedia-Shows (geöffnet Sonntag bis Donnerstag von 9.45 bis 21.15 Uhr, Freitag und Samstag von 9.45 bis 22.30 Uhr), das Old Globe Theatre (im Sommer Shakespeare-Festival) sowie der San Diego Zoo, einer der artenreichsten Tiergärten der Erde (geöffnet täglich von 9 bis 16 Uhr im Winter und 17 Uhr im Sommer). Die Old Town mit sorgfältig restaurierten Gebäuden aus der Frühzeit San Diegos. Auf dem Presidio Hill, Ort der ersten spanischen Siedlung, das Junipero Serra-Museum (geöffnet täglich von 9 bis 17 Uhr, sonntags erst ab 12 Uhr). Scripps Aquarium mit seltenen Fischen aus allen Weltmeeren (geöffnet täglich von 9 bis 17 Uhr). Sea World, ein Meerespark mit aufregenden Shows von Mörderwalen, Delphinen und Seehunden.

Unterkunft: San Diego verfügt über viele Motels an der Küste und im Mission Valley über ein komplettes Hoteldorf. Berühmtestes Haus ist das Hotel del Coronado, Drehort des Marilyn-Monroe-Films »Manche mögen's heiß«. Dazu zwei Jugendherbergen, das YMCA-Hotel und etwas außerhalb an der Küste mehrere Campingplätze.

Ausgehen: Eine große Zahl von Restaurants, viel mexikanische Küche. Günstig essen kann man zur »happy hour«: Am frühen Abend gibt es in vielen Lokalen einen kostenlosen Imbiß.

Einkaufen: In der architektonisch interessanten Horton Plaza (Stadtzentrum) gibt es Geschäfte aller Art, ebenso in Seaport Village (am Hafen). Galerien und Boutiquen findet man vor allem in Ja Jolla (Prospect Street) und auf der Halbinsel Coronada an der Orange Street. Einkaufszentren sind unter anderem Mission Valley Center, Pacific Plaza und La Jolla Village Square.

Sport: Golf und Wassersport, besonders Segeln und Wellenreiten.

Strände: Schön sind die La Jolla Shores und der Silver Strand State Park.

Rundfahrten: Old Town Trolley Tours mit einem Bus im Stil eines alten Straßenbahnwagens (mit Erklärungen). Andere Unternehmen sind zum Beispiel Grayline Tours, Harbour Excursions und San Diego Mini Tours. Auf eigene Faust der 52-Mile-Scenic-Drive.

Ausflüge: Mit Booten zu den Mitte Dezember bis Mitte Februar von Mexiko nach Alaska ziehenden Walen; zum Anza Borrego State Park (s. Kap. 5); nach Tijuana oder Ensenada, Mexiko: Entweder mit dem Trolley-Bus bis zur Grenze und von dort mit dem mexikanischen Linienbus oder dem Taxi oder aber per Schiff mit dem Ensenada-Express ab B Street Pier Cruise Ship Terminal. Es wird kein Visum benötigt; Touristenkarten erhalten Reisende an der Grenze. Amerikanische Leihwagenfirmen verlangen für Mexiko eine extra Versicherung oder untersagen den Grenzübertritt.

Information: San Diego Convention and Visitors Bureau, 1200 Third Avenue, Suite 824.

REISE-INFO
SAN DIEGO

Die 21 Missionen

San Diego de Alcala, erste spanische Siedlung in Kalifornien. Die Kirche ist

Wandmalerei im Chicano Park

eine Rekonstruktion von 1813. **San Luis Rey de Francia,** eine der größten Missionen, 1798 gegründet. 64 Kilometer nördlich von San Diego gelegen (Abfahrt bei Oceanside). **San Juan Capistrano** mit der ältesten Kirche Kaliforniens (1776). Zufahrt hinter San Clemente. **San Gabriel Arcangel** (1771), südöstlich von Burbank am Rio San Miguel mit rekonstruierter Kirche und Museum. **San Fernando Rey de Espana** (1797) in San Fernando bei Los Angeles, 1974 nach einem Erdbeben wiederaufgebaut (schöner Garten). **San Buenaventura** (1782) in der Stadt Ventura südlich von Santa Barbara mit kleiner rekonstruierter Kirche (Museum). **Santa Barbara**, die »Königin der Missionen« von 1786, im Jahr 1833 rekonstruiert (besonders sehenswertes Museum). **Santa Ines** (1804) am Rand Solvangs. Von der großen Anlage ist nur ein Teil erhalten. **La Purissima Concepcion** (1787), unweit von Lompoc, im originalen Zustand rekonstruiert. **San Luis Obispo de Tolosa,** 1930 rekonstruierte Kirche in San Luis Obispo (mit Ruinen der ursprünglichen Mission). **San Miguel Arcangel** (1797) nahe dem Städtchen San Miguel nördlich von San Luis Obispo. **San Antonio de Padua** (1771), westlich von King City, stilecht restauriert (mit schönem Museum). **Nuestra Senora de Soledad** nahe dem Städtchen Soledad südöstlich von Monterey mit kleiner Kirche und Ruinen der alten Mission (1791). **San Carlos Borromeo de Carmelo,** 1771 als zweite Mission an der San Francisco Bay gegründet. Die Anlage ist von außergewöhnlicher Schönheit. **San Juan Bautista** (1797), östlich von Santa Cruz Teil des State Historic Parks der Stadt. **Santa Cruz** (1791), kleinste der Missionen. Die Kirche ist ein Nachbau (bescheidenes Museum). **Santa Clara de Asis** (1777) nördlich von San José auf dem Gelände der Jesuiten-Universität. Besonders sehenswert die Saisset Art Gallery and Museum. **San José** (1797) an einer lebhaften Straße in Fremont mit kleiner Kirche und stimmungsvollem Friedhof. **San Francisco de Asis** (1776), mitten im Mission District San Franciscos. **San Rafael Arcangel** (1817), nördlich von San Francisco als Sanatorium für Mönche gegründet, mit rekonstruierter Kirche. **San Francisco Solano** (1823), letzte Missionsgründung an der Plaza von Solano.

Point Loma: Besucher am Labrillo-Denkmal

See im Balboa Park

Wasserschildkröte in Sea World

Zuschauer verfolgen die Show mit Mörderwalen

Kitsch aus Keramik: Hase und Geschirr

Von San Diego ist es nur ein Katzensprung zur mexikanischen Grenzstadt Tijuana. Nahverkehrsbusse fahren bis an den Grenzübergang. Umgekehrt kommen Mexikaner in Scharen – teilweise illegal – über die Grenze, um in Kalifornien nach Jobs und besseren Lebensbedingungen zu suchen oder einen schnellen Dollar zu verdienen. In der Nähe des Übergangs haben sich deshalb viele Firmen niedergelassen, wo Menschen für ein geringes Entgelt Blutplasma spenden, das später mit großem Gewinn weitervermarktet wird.

Horton Plaza, ein architektonisch ansprechendes Einkaufszentrum

Ritt auf rollender Brandung

*Mal heiter und verrückt, mal romantisch und manchmal
auch lächerlich zeigt sich die Strecke entlang
der Küstenstraße Highway 1. Monterey mit seinem
Weinmuseum erinnert an John Steinbecks
»Cannery Row«, und nördlich des verspielten Santa Cruz
turnen Menschen auf den Felsen dieser
grandiosen Küste (kleine Bilder).*

Stand auf dem mexikanischen Markt in San Juan Bautista

Monterey: Museum und Restaurant am Wasser

Mystery House in Winchester

Winchester-Büchsen

Volleyball am Strand von Santa Cruz

Der Schriftsteller John Steinbeck hat Monterey durch seine Schilderung der Cannery Row bekannt gemacht. Heute werden in der kleinen Stadt längst keine Sardinen mehr in Dosen verpackt. Dafür ist der Tourismus zu einem bedeutenden Wirtschaftszweig geworden. Wie in Monterey macht die Leichtigkeit der Menschen auch Santa Cruz etwas nördlich lebenswert. Mit ihren vielen alten Holzhäusern strahlt die Stadt noch ein wenig die Gemütlichkeit der Jahrhundertwende aus.

Santa Cruz: Spaß um den Coconut Grove

Die alte Canning Co. in Monterey

Es ist Vorsicht geboten mit Superlativen, denn überall auf der Welt wird man vielleicht ein Fleckchen finden, das noch schöner, noch wilder oder noch sanfter ist. Aber auf dem Weg von San Francisco nach Los Angeles muß man nicht geizen mit Extremen. Was mit Highway Number One ganz nüchtern und mit »Traumstraße der Welt« eher unzureichend umschrieben ist, wird zu einem Abenteuer, das das Herz bewegt. Was einem entlang dieser Küstenstraße begegnet, ist zunächst eine unvergleichliche Natur: der aufregende Zusammenprall von Land und Meer, manchmal als eine dramatische Auseinandersetzung mit tobenden Wogen,

Souvenir- und Muschelladen in Monterey

die sich an Mauern von Fels brechen, manchmal als friedliche Begegnung zwischen weiten, flachen Stränden, von kleinen Wellen zärtlich berührt. Was einem auch begegnet, ist Leben; mal heiter, mal verrückt, dann romantisch, lächerlich, laut oder leise. Man tut gut daran, sich Zeit zu lassen auf diesem Weg nach Süden.

Nicht lange dauert es, bis San Francisco auf dem Weg nach Süden hinter einem liegt. Leuchttürme begleiten die Fahrt; der erste steht kurz hinter der Großstadt in Montara, der zweite eine knappe Stunde weiter südlich bei Pescadero. In den früheren Wärterhäuschen des

Montara und des Pidgeon Point Lighthouses übernachten jetzt überwiegend junge Reisende in zwei Jugendherbergen. Touristen legen hier einen Zwischenstopp ein, aber es sind auch Menschen aus San Francisco, die an der Felsenküste Ruhe vor der Stadt suchen.

Santa Cruz: Charme der Jahrhundertwende

Viele zieht es auch etwas weiter südlich in die Bucht von Santa Cruz. In der Stadt verbreiten die alten Holzhäuser mit ihren erhöhten Veranden noch ein wenig die ruhige Atmosphäre des frühen 20. Jahrhunderts, aber am Strand toben seit den sechziger Jahren die Beach Boys. Vom Steilufer am West Cliff Drive kann man hinunterschauen auf die scheinbar ewig Jungen und die Kids – viele von ihnen studieren an der University of California at Santa Cruz –, die auf ihren Surfbrettern nach der nächsten Welle suchen. Von nun an wird man die Generation der Unbeschwerten, die zum Inbegriff der kalifornischen Freiheit geworden sind, immer wieder treffen: Überall dort, wo es die Natur so eingerichtet hat, daß man sich einfach treiben lassen kann.

Von der Gegenwart führt die Straße in einem weiten Bogen auf die Vergangenheit zu, in die frühere Hauptstadt Kaliforniens. Monterey, heute ein liebevoll gepflegter Ort, war einmal erfüllt vom Fischgestank, den John Steinbeck in seinem Roman »Die Straße der Ölsardinen« unsterblich gemacht hat. Seine Cannery Row »aus Fischkonservenfabriken in Wellblechschuppen, aus Wirtschaften, Hurenhäusern, Chinesenhütten, Laboratorien, Läden voll von Kram, aus Lagerhallen und faulen Fischen« gibt es nicht mehr. Hier sind Restaurants und Boutiquen eingezogen, seit um 1950 die Sardinenschwärme ausblieben.

Mit Sardinen verschwanden Schelme und Sonderlinge

Mit ihnen sind auch die Schelme und Sonderlinge verschwunden. Aber noch immer umgibt Monterey ein eigenartiger Zauber. Auf dem berühmten 17-Mile-Drive wird grandios gebündelt, was den kalifornischen Mythos ausmacht: das »good life« in Reichtum, die hier fast theatralische Natur und deren Ver-

Hearst Castle: Wohnzimmer . . .

Brandung in der Half Moon Bay

. . . und »griechischer« Swimmingpool

Innenhof der Carmel Mission

Missionskirche von San Carlos Borromeo

Ranger warnen im
Año Nuevo State Park
etwas nördlich von
Santa Cruz davor, den
See-Elefanten zu nahe
zu kommen. Trotz
ihrer Masse sind die
tonnenschweren Tiere
sehr flink und können
unvorsichtigen Besu-
chern erhebliche Biß-
wunden zufügen.
Weniger gefährlich
sind dagegen die See-
löwen und kleineren
Robben, die auch das
Haus eines früheren
Leuchtturmwärters
auf einer vorgelager-
ten Felseninsel verein-
nahmt haben.
Mit seinen Buchten
und Stränden ist dieser
Küstenabschnitt sehr
reizvoll.

Amerikanisches Vergnügen: Picknick mit Barbecue

Gemeinsame Rast: Pelikane und Kormorane

Robben im Año Nuevo State Park

Reiz dieser unter Schutz stehenden Felszunge aus. Weithin sind das Grunzen und Rülpsen der Seelöwen und der heisere Schrei der Möwen zu hören. Kormorane stürzen wie Pfeile ins Wasser, und mit langsamen Flügelschlägen schweben Pelikane vorbei. Wer genau hinsieht, entdeckt zwischen den Steinen, die das Meer überspült, Krebse, Muscheln und Schnecken – die ganze archaische Welt des Übergangs vom Nassen auf das Trockene.

In den Schluchten suchten Hippies nach neuen Träumen

Jahrtausende lang war diese Gegend um den Ort Big Sur unberührt. Erst als zwischen den beiden Weltkriegen Sträflinge die enge und kurvenreiche Straße zwischen der Bucht von Monterey und San Simeon auf halbem Weg zwischen San Francisco und Los Angeles bauten und zwei grandiose Brücken über die Canyons des Bixby Creek und den Rocky Creek entstanden, wurde sie aus ihrer Stille gerissen. Der Autor Henry Miller nannte diese zerklüftete Küste »das Gesicht der Erde, wie der Schöpfer es einmal haben wollte«. Tatsächlich gibt es wohl kaum sonstwo ein Stück Erde von so urtümlicher Kraft, das sich allerdings auch nicht den Veränderungen entziehen kann.

Heute ist es das gewaltige Panorama, das viele Menschen anlockt. In den sechziger Jahren suchten Hippies und Künstler in den Schluchten nach dem einfachen Leben und nach neuen Träumen. Damals entstand das Esalen-Institut an den heißen Quellen von Tassajara, in denen einst die Indianer ihre Leiden kurierten – zur Pflege des »Human Potential Movement«. In den Wäldern hinter dem Ozean wurde das Tassajara-Zen-Zentrum gegründet, in dem amerikanische Mönche die Rätsel des Menschseins zu lösen versuchen.

Hearst-Castle: etwas griechisch, etwas gotisch

Seltsam, wie sich an dieser Küste immer wieder Natürliches und Künstliches begegnen. Nach einem großen Stück ländlicher Stille ist es La Cuesta Encantada, der Zauberberg hoch über San Simeon, der alle Aufmerksamkeit auf sich zieht. Als Hearst Castle weltberühmt und nach Disneyland die am meisten

wandlung in Genuß auf den exklusiven Golfplätzen hoch über dem Meer. Allerdings muß man schon ein hartgesottener Golfer sein, um nicht immer wieder im Schlag innezuhalten und hinauszuschauen auf das glänzende Meer – vor allem wenn hier im Herbst und im Frühjahr die Wale vorbeiziehen auf ihrer Wanderung zwischen Alaska und der mexikanischen Baja California.

Kormorane stürzen wie Pfeile ins Wasser

Ein fast melancholisches Gegenstück zu Monterey ist Carmel – nicht nur wegen der friedvollen Oase der alten Mission, die einst Hauptsitz der missionarischen Bewegung in Kalifornien war. Sie ist ein wahrhaft franziskanischer Ort, an dem der Heilige von Assisi noch einmal den hier versammelten Vögeln und Blumen predigen könnte. In Carmel schlendern betagte Paare Hand in Hand durch die Straßen, und die Häuser verstecken sich hinter Pinien und Zypressen, als weigerten sich die Menschen, ein öffentliches Leben zu führen. Carmel wirkt ein wenig märchenhaft, besonders im kuriosen Lamp Lighter's Inn. Die Gäste dieses Hotels wohnen im Dekor der Grimmschen Kindergeschichten. Besonders beliebt ist das Hänsel-und-Gretel-Cottage.

Solche Nachhilfen der Vorstellungskraft braucht Point Lobos gleich nebenan nicht. Hier reicht wieder die reine Natur: Rissiges Gestein, vom Wind zerzauste Bäume und Klippen machen den

98 besuchte Attraktion Kaliforniens, steht dieses zum State Monument erhobene phantastische Gebilde den Schlössern des »Märchenkönigs« Ludwig II. kaum nach. Von 1919 an begann Julia Morgan, diese Anlage für den Zeitungsmagnaten William Randolph Hearst zu bauen – als Museum, Spielzeug und fürstliche Residenz. Als Hearst 1951 starb, war das Werk noch nicht vollendet. Dennoch ist es gigantisch, mit unzähligen Zimmern, Sälen, einem römischen Bad und nicht zuletzt mit dem Neptune Pool, den Marmorstatuen und ein griechischer Tempel säumen. Seine herrlich blau schimmernde Fläche hebt sich stark ab von den braun-grauen Santa Lucia-Bergen im Hintergrund. Zu bestaunen sind Kunst aus allen Jahrhunderten und ein Speisesaal im gotischen Stil, in dem noch für William Randolph Hearst gedeckt ist; sehr amerikanisch übrigens, denn zwischen kostbarem Porzellan stehen zwei Gläser mit Senf und Ketchup.

Maurische Torbögen, überragt von Palmen

Wie klein und bescheiden wirkt dagegen Morro Bay. Dies ist einer der alten Fischerorte, von denen es an der Küste nur noch wenige gibt. Zwar auch schon bedrängt von einem riesigen Kraftwerk, das einen seltsamen Kontrast zu dem groß und dunkel aus dem Meer ragenden Morro Rock bildet, kann man hier in einem der Restaurants am Wasser sitzen, zu einem Glas kalifornischen Weins feinsten Fisch essen und die Sonne glutrot im Meer versinken sehen.

Dies wäre ein Ort, um Atem zu holen von den neuen Eindrücken, aber es wartet noch La tierra adorada, das geliebte Land der Spanier um Santa Barbara. Die »spanische Stadt« ist im Kolonialstil wiedererstanden, nachdem fast alle Häuser 1925 durch ein Erdbeben zerstört worden waren. Maurische Schnörkel, Torbögen und schmiedeeiserne Gitter schmücken sie, überragt von Palmen, die sich im Wind wiegen. In Santa Barbara haben sich die Reichen niedergelassen – gerade noch so weit von Los Angeles, um noch nicht oder nicht mehr den Sog der Großstadt zu spüren. Daß sie nahe ist, merkt man aber spätestens in Malibu, wo sich die Berge an das Meer und an die Straße drängen.

Parkanlage des Paul-Getty-Museums in Malibu

Surfer in Malibu

Verkleidete Menschen bei einem Fest

Anders als viele andere Großstädte ist Santa Barbara leise; viele alte Gebäude wie die Missionskirche sind eine Besichtigung wert, von der man sich an Brunnen oder auf Bänken unter den subtropischen Gewächsen erholen kann.
In Malibu am nördlichen Rand von Los Angeles hat der Ölmilliardär Paul Getty für eine umfangreiche Kunstsammlung einen Gebäudekomplex errichten lassen – nach den Plänen einer römischen Villa aus der von der Asche des Vesuvs begrabenen Stadt Herculaneum.

Missionskirche in Santa Barbara

Santa Cruz

In jüngster Zeit stark wachsende Stadt mit angenehm altmodischem Charme. Seit 1965 Sitz der University of California at Santa Cruz und Umschlagplatz für Blumen (vor allem Begonien).
Anfahrt: Mit dem Greyhound-Bus oder dem Flugzeug.
Sehenswürdigkeiten: Der Municipal Pier (Restaurants, Fischmarkt, Bootsvermietung) und – vor allem für Kinder – der Boardwalk, unter anderem mit Karussells, einer hölzernen Achterbahn, Schießbuden und anderen Attraktionen. Am Meersaum, über den Westcliff Drive zu erreichen, der Natural Bridges State Park (Felsformationen), Lighthouse Point (gute Aussicht auf die Bucht und die Surfer) und der Seal Rock (Seehunde).
Unterkunft: Motels und Hotels, eine Jugendherberge und Campingplätze.
Ausgehen: Gute Auswahl an Lokalen, auch an netten Kneipen und Cafés. Schön sitzt man im Caffe Pergolesi.
Sport: Wassersport, vor allem Wellenreiten.
Strände: Schön in südlicher Richtung.
Ausflüge: Von Felton, wenige Kilometer nördlich, fährt die Roaring Camp and Big Trees Narrow-Gauge Railroad, eine Schmalspureisenbahn, durch die Redwood-Wälder.

Monterey

Einst Stadt der Sardinenfischer und -fabriken, bekannt geworden durch John Steinbecks Roman »Cannery Row«. Heute eine attraktive Stadt für Touristen.
Anfahrt: Mit dem Greyhound-Bus oder dem Flugzeug.
Sehenswürdigkeiten: Das Monterey Bay Aquarium (geöffnet täglich von 10 bis 18 Uhr) am Ende der Cannery Row. Sehenswert auch der »Path of History« mit vielen traditionsreichen Häusern wie Colton Hall (Informationen), Customs House, Pacific House und die Royal Presidio Chapel, das Monterey Peninsula Museum und das Allen Knight Maritime Museum (Geschichte des Walfangs). Lohnend die Fahrt auf dem 17-Mile-Drive (gebührenpflichtig) um die Bucht durch den viktorianischen Ort Pacific Grove und vorbei an den Villen und den Golfplätzen von Pebble Beach (herrliche Aussicht).

Unterkunft: Hotels, Motels, eine Jugendherberge, Campingplätze.
Ausgehen: Viele gute Restaurants, dort leckere Fischgerichte. Lokale an der Fischerman's Wharf recht touristisch. Empfehlenswert die Restaurants Islands am Heritage Harbour, Old Fischerman's Grotto an der Wharf No.1 und die Bar Sharky's, 180 E. Franklin Street.
Strände: Nördlich und südlich der Stadt.
Ausflüge: Nach Carmel etwas südlich an der Monterey-Bucht: Ein gemütliches, englisch wirkendes Städtchen mit stilvollen Promenaden, Galerien, schönen Stränden und der Franziskaner-Mission San Carlos Borromeo de Carmelo.
Zum Point Lobos State Reserve, einem Reservat für Tiere und Pflanzen: Der »größte Treffpunkt von Land und Wasser auf der Welt«, so der Slogan, mit einer grandiosen Felsszenerie. Zwölf Fußwege (für die gesamten Rundwege braucht man drei bis fünf Stunden) führen zu den interessantesten Punkten. Zu sehen sind vor allem Seelöwen, Pelikane, Kormorane und verschiedene Möwenarten sowie im Herbst und Frühjahr die vorbeiziehenden Grauwale.
Nach Big Sur etwa 35 Kilometer südlich: Der wohl schönste Abschnitt der kalifornischen Pazifikküste mit steil abfallenden Felsen, auf deren Kamm die Straße verläuft (mit zwei spektakulären Brücken über die Canyons des Bixby Reek und des Rocky Creek). Nur schmale Wege führen zu den abgelegenen Stränden. Etwa in der Mitte dieses Gebiets, in dem sich viele »Aussteiger« angesiedelt haben, der Pfeiffer-State-Park mit vielen Redwood-Bäumen (Camping und Hütten zum Übernach-

Promenade von Santa Cruz

ten) und der Julia Pfeiffer Burns State Park (großartiger Panorama-Pfad).
Veranstaltungen: Motorrad-Grand-Prix in Laguna Seca auf der Monterey-Halbinsel im April. In der Gegend viele Golfplätze.

San Simeon

Früher Ort der Walfänger, heute ausschließlich attraktiv durch das Hearst Castle in den Hügeln hinter dem Meer. Das Traumschloß des Zeitungsmagnaten William Randolph Hearst ist jetzt State Historic Monument. Die vielen Gebäude mit 100 Räumen in verschiedenen Stilen (Antike bis Renaissance, maurisch-spanisch und toskanisch), die herrlichen Außenanlagen und die kuriosen Sammlungen sind zu besichtigen (vier unterschiedlich intensive Führungen mit unterschiedlichen Preisen). Ausgangspunkt ist ein Busbahnhof mit Souvenirläden und Restaurant, von dem aus die Besucher zum Schloß transportiert werden (geöffnet täglich von 8.30 bis 15.30 Uhr).
Anfahrt: Mit dem Auto.
Unterkunft: Einige Motels am Ort.

San Luis Obispo

Reizvolles Städtchen mit der Mission San Luis Obispo de Tolosa. Neben dem etwas südlich gelegenen Santa Maria günstiger Ausgangspunkt für Ausflüge.
Anfahrt: Mit dem Greyhound-Bus oder Zug.
Sehenswürdigkeiten: Die Mission, deren Museum an die früher dort lebenden Indianer erinnert. Eine originell gestaltete Plaza aus der Zeit, in der San Luis Obispo eine bedeutende Postkutschen-Station war. Sehenswert auch der Botanische Garten und das Tiergehege der Polytechnischen Universität.
Unterkunft: Hotels und Motels. Das Madonna Inn südlich der Stadt ist ein kurioses Hotel mit phantasievoll ausgestatteten Zimmern, jedes mit einem anderen Thema. Eine Jugendherberge in Nipomo 35 Kilometer südlich.
Ausflüge: Nach Morro Bay, einem Fischerhafen mit dem charakteristischen Morro Rock, einem 176 Meter hohen Felsen, der einst Landmarke der Seefahrer war. Einen Besuch wert ist der Morro Bay State Park an der Südseite der Bucht (mit Natural History Museum) und der Montana de Oro State Park mit reizvol-

len Wanderwegen. Am Hafen gute Fischrestaurants.

Der Pismo Beach ist berühmt wegen der Sanddünen und der – selten geworden – tellergroßen Pismo-Muschel. Ein Großteil der über zehn Kilometer langen Strände ist State Park. Ein Abschnitt wurde als Vehicular Recreation Area freigegeben, wo junge Leute mit Buggies und den seltsamsten Eigenkonstruktionen durch den Sand rasen.

Guadalupe, ein kleines Städtchen mit bekannten mexikanischen Restaurants an der Hauptstraße. Interessant ist der Friedhof mit Grabdenkmalen für viele aus dem Tessin stammenden Einwanderer.

Lompoc ist ein Landstädtchen, das sich die »Blumensamen-Hauptstadt der Welt« nennt (am letzten Juni-Wochenende Flower-Festival). In der Nähe die Mission La Purissima Concepcion, als einzige so restauriert, wie die Stationen der Mönche ursprünglich aussahen.

Eine der 21 Missionen: San Luis Obispo de Tolosa wurde 1772 gegründet

Santa Barbara

Einer der attraktivsten Orte an der Küste mit spanischem Gepräge, begünstigt durch ein Klima, in dem nahezu alle auf der Erde vorkommenden Pflanzen gedeihen. Der perfekte Eindruck wird nur durch die Ölbohrtürme vor der Küste gestört. Die Stadt wurde 1925 durch ein Erdbeben völlig zerstört und danach im spanischen Kolonialstil wiederaufgebaut. Heute ist Santa Barbara beliebtes Refugium für die Reichen aus Los Angeles.

Anfahrt: Greyhound-Busse und Züge fahren die Stadt an; zudem gibt es einen Flughafen.

Sehenswürdigkeiten: Durch die Stadt führt ein markierter Scenic-Drive zu allen Sehenswürdigkeiten. Typisch für die Architektur dieser Region ist das County Courthouse, ein schloßähnlicher Bau mit reichem Fresken- und Mosaikschmuck. Schön die »Königin der Missionen« mit stimmungsvollem Friedhof und Museum.

Sehenswert sind das Museum of Natural History (unter anderem Geschichte der Chumah-Indianer, geöffnet von 9 bis 17 Uhr, Sonntag von 10 bis 17 Uhr), das Santa Barbara Historical Museum (täglich nachmittags geöffnet), das kleine Museum of Art (unter anderem antike Skulpturen, geöffnet Dienstag bis Samstag von 11 bis 17 Uhr, Sonntag von

12 bis 17 Uhr, die hochinteressanten Botanic Gardens (täglich ab 8 Uhr geöffnet) und die Zoological Gardens. Am kleinen Hafen wurde Stearns Wharf renoviert (Restaurants und Geschäfte). Östlich des East Beach liegt auf einer Lagune das Andrée Clard Bird Refuge.

Unterkunft: Viele Hotels und Motels aller Klassen. Etwas außerhalb Campingplätze.

Ausgehen: Santa Barbara hat hervorragende Restaurants, vorwiegend mit französischer und mexikanischer Küche.

Strände: In der Umgebung.

Ausflüge: Nach Solvang, einer etwas abseits gelegenen »dänischen« Stadt. Sie wurde 1911 gegründet und hat Windmühlen, Fachwerkhäuser sowie dänische Läden und Restaurants. Im August die Fiesta Days und im September das Danish Day Festival.

Nach **Gaviota Pass** im Zentrum des gleichnamigen State Parks mit interessanten geologischen Formationen und eigenartiger Vegetation.

Ventura ist ein interessantes Städtchen im Pionierstil mit der kleinen Mission

San Buenaventura. Beachtung verdienen das County Historical Museum (geöffnet Dienstag bis Sonntag) und Olivas Adobe, eine originalgetreu wiederaufgebaute Hazienda. Vom Hafen Ventura Ausflugsmöglichkeiten zur Insel Anacapa, Teil des erst 1980 geschaffenen Channel Island National Park.

Port Hueneme, ein Mitte des 19. Jahrhunderts noch bedeutender Kohle- und Getreidehafen, verlor seine Bedeutung nach dem Bau der Southern Pacific-Eisenbahn (Station in Ventura). Ein Fischerdorf wurde im Neuengland-Stil originalgetreu wiederaufgebaut (mit einigen Restaurants).

Nach **Malibu,** einem Villenvorort an der Stadtgrenze von Los Angeles und Wohnsitz vieler Filmstars (vor allem in der Malibu Beach Colony). Viele teils abgelegene Strände. Hauptanziehungspunkt ist das Paul Getty Museum, unter anderem mit der Kopie der Villa dei Papyri in Herkulaneum, herrlichen Gartenanlagen und 38 Galerien mit Werken europäischer Malerei (geöffnet Dienstag bis Sonntag von 10 bis 17 Uhr. Zutritt nur, wenn freie Parkplätze).

Solvang ist die »dänische« Stadt Kaliforniens – einschließlich der Windmühle

Badestrand in Santa Cruz

Hauptgebäude des Hearst Castle

Tanz auf den Wellen in Malibu

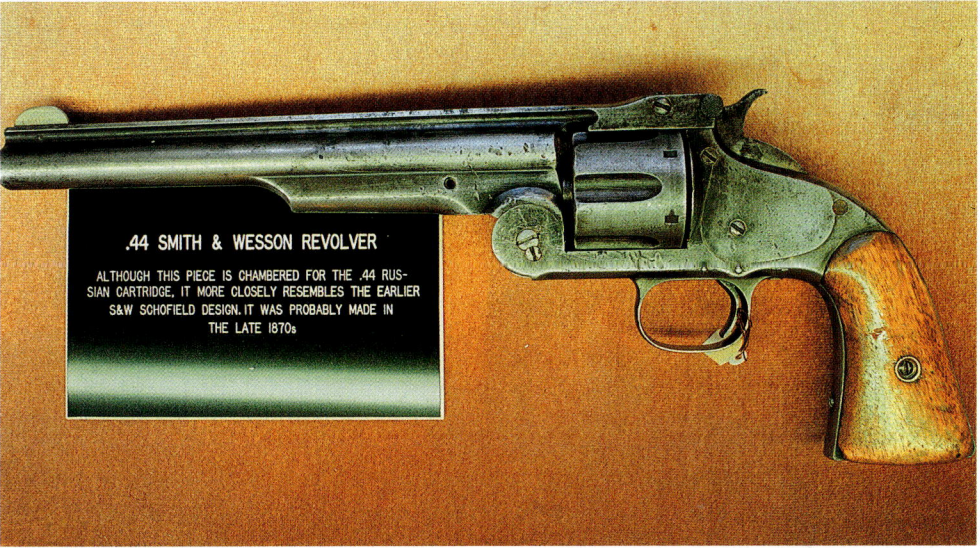

.44 SMITH & WESSON REVOLVER

ALTHOUGH THIS PIECE IS CHAMBERED FOR THE .44 RUSSIAN CARTRIDGE, IT MORE CLOSELY RESEMBLES THE EARLIER S&W SCHOFIELD DESIGN. IT WAS PROBABLY MADE IN THE LATE 1870s

Legendärer Smith & Wesson Revolver

Dune Buggy – Spaß auf vier Ballonreifen

Meer und Strand, Geschichte, Verrücktheiten und viel Natur bestimmen den Reiz des Küstenstreifens zwischen San Francisco und Los Angeles. Grandios ist dort die von Buchten unterbrochene Felsenküste, gegen die die Wellen des Pazifik branden. Die lockere Lebensart der Kalifornier wird in dieser Region besonders deutlich. Der Alltag wird, wann immer es geht, auf die leichte Schulter genommen; bei dem in der Regel schönen Wetter spielt sich das Leben vielfach im Freien ab. Spaß und Sport haben eine große Rolle, ob beim Wellenreiten, Joggen oder Herumfahren mit den flinken Dune Buggys.

Pelikane sind häufig anzutreffen

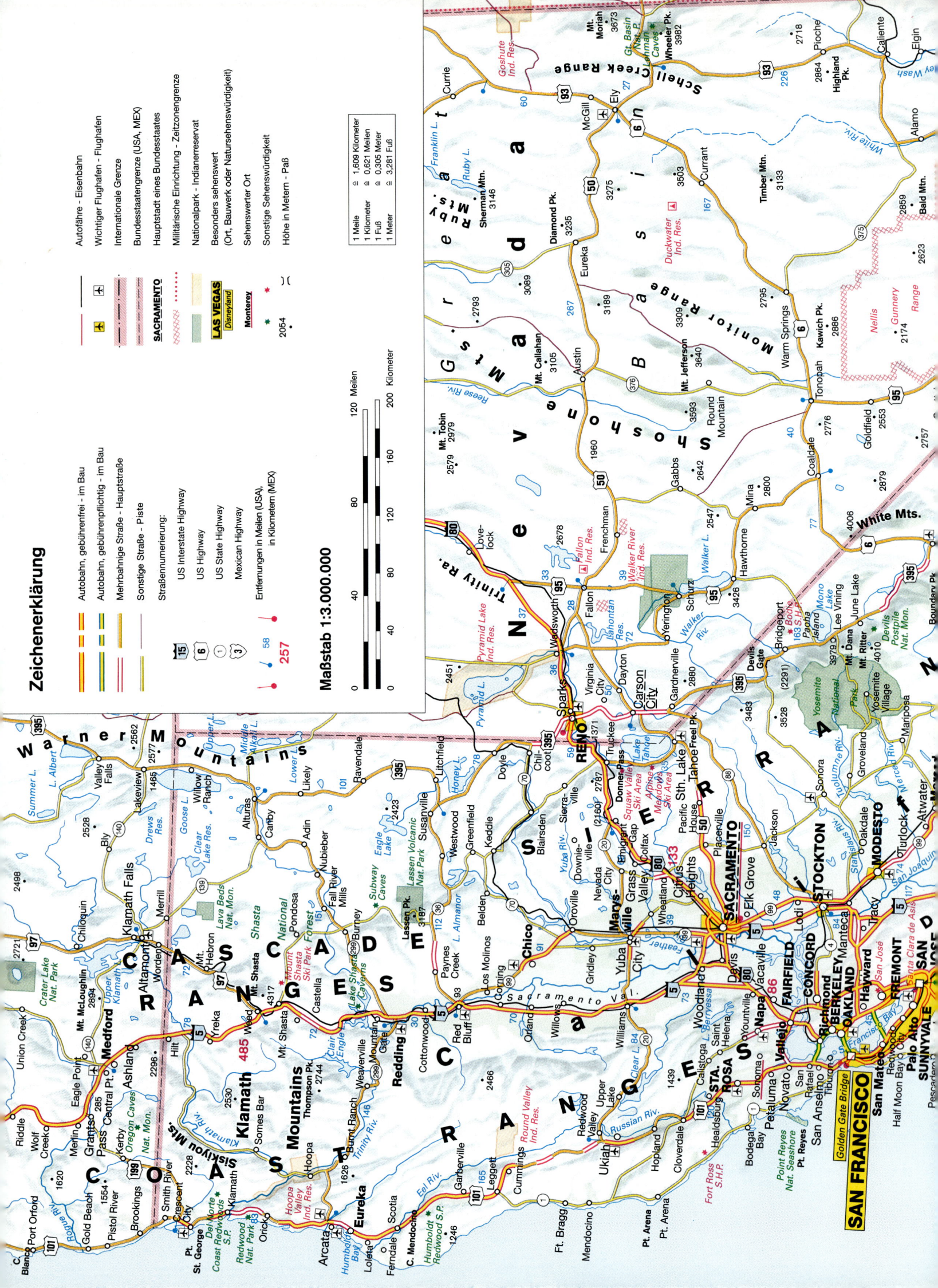

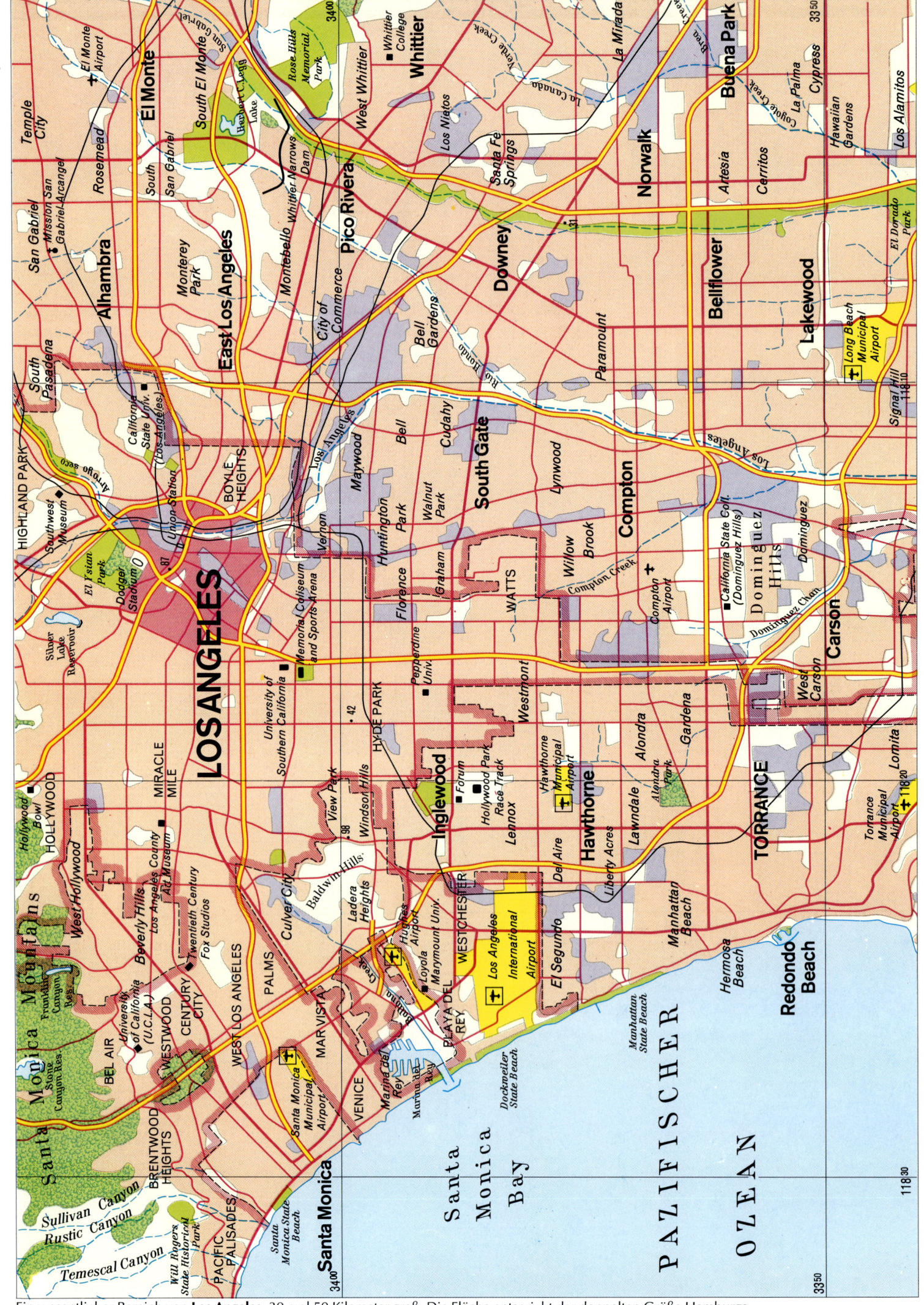

104

Ein wesentlicher Bereich von **Los Angeles,** 30 mal 50 Kilometer groß. Die Fläche entspricht der doppelten Größe Hamburgs.

Die Umgebung von **San Francisco:** Vom Westen bis nach Oakland sind es 20 Kilometer, von San Rafael nach Daly City 30 Kilometer.

Alcatraz-Fähre

80 Interstate Highway
101 U.S. Highway
480 State Highway
--- Cable Car
···· BART (Bay Area Rapid Transit)
Bebauung
Grünfläche, Park
Sonstige Flächen
• Sehenswürdigkeit, wichtiges Objekt

500 m

Pier 39

Fisherman's Wharf
Aquatic Park
The Anchorage
The Cannery
Victorian Park
Maritime Museum
Ghirardelli Square
The Embarcadero
Pier 3

MARINA
Marina Small Craft Harbor
Marina Green
Marina Blvd.
Beach St.
Bay St.
Chestnut St.
Francisco St.
Lombard Street
Greenwich St.
Filbert St.
Union St.
Green St.
Vallejo St.
Broadway
Fort Mason
Bay St.

Columbus Ave.
Lombard St.
Washington Square
Telegraph Hill
Bay St.

NORTH BEACH
Sansome St.
Broadway
Jackson St.

RUSSIAN HILL
Octagon House
Jones St.
Leavenworth St.
Taylor St.
Powell St.
Stockton Ave.
Grant Ave.

Ferry Building
Embarcadero Skyway

PACIFIC HEIGHTS
Whittier Mansion
Haas-Lilienthal House
Octavia St.
Laguna St.
Clay St.
Sacramento St.
Pine St.
Jackson St.
Divisadero St.
California St.
Scott St.
Pierce St.
Steiner St.
Fillmore St.
Alta Plaza
Baker St.
Lyon St.
Bush St.
Sutter St.
Post St.
Geary Boulevard
O'Farrell St.
Ellis St.
Eddy St.
Turk St.
Golden Gate Ave.
McAllister St.
Fulton St.

NOB HILL
Hyde St.
Larkin St.
Polk St.
Van Ness Avenue
Franklin St.
Gough St.
Washington St.
California St.
Mason St.

CHINATOWN
Portsmouth Sq.
Union Sq.

FINANCIAL DISTRICT
Market Street
Embarcadero
Museum of Modern Mythology
Montgomery St.
Beale St.
2nd St.
1st St.

480
80

Geary Theater
O'Farrell St.
Geary St.
Airport Bus Terminal
Jones St.
Turk St.
Rena Bransten Gallery
Powell St.
Visitor Information Center
Golden Gate Theater

SOUTH
Moscone Center
Howard St.
Folsom St.
Harrison St.
4th St.
3rd St.
2nd St.
1st St.

OF

MARKET
Bryant St.
Brannan St.
Townsend St.
China Basin
China Basin St.
4th St.
6th St.

Museum of Modern Art
Opera House
Symphony Hall
CIVIC CENTER
Civic Center
Civic Auditorium

Alamo Square
Grove St.
Hayes St.
Fell St.
Broderick St.
Scott St.
Webster St.
Buchanan St.
Laguna St.
Oak St.
Page St.
Haight St.
Waller St.

Central Skyway
8th St.
9th St.
10th St.
11th St.
14th St.
15th St.

HAIGHT-ASHBURY
Buena Vista Park
Corona Heights Park
Masonic Ave.
14th St.
16th St.
17th St.
18th St.
20th St.

Mission Dolores
16th Street
16th St.
17th St.
18th St.
Mariposa St.

Central Basin

MISSION
Dolores Street
Guerrero Street
Valencia St.
Church St.
Sanchez St.
Noe St.
Castro St.
22nd St.
24th St.
26th St.
Capp St.
Mission Street
South Van Ness Ave.
Folsom St.
Shotwell St.
Treat Ave.
Harrison St.
Bryant St.
Alabama St.
York St.
Florida St.
Potrero Ave.
Vermont St.
Rhode Island St.
General Hospital
24th Street

POTRERO
Missouri St.
Arkansas St.
Wisconsin St.
Pennsylvania Ave.
Indiana St.
Tennessee St.
Illinois St.
3rd Street
16th St.
18th St.
20th St.
23rd St.
25th St.
Army St.

Army Street
Army Street Terminal
Islais Creek Channel

DIAMOND HEIGHTS
Glen Canyon Park
Diamond Heights Blvd.
Gold Mine
Beacon St.
Diamond St.
Douglass St.
Corbett Ave.
Burnett Ave.
28th St.
30th St.
Elk St.
Ladley St.
Chenery St.
San Jose Ave.
Mission St.
Stillings Ave.
Crescent Ave.

Bernal Heights Park
Precita Ave.
Peralta Ave.
Ripley St.
Powhattan Ave.
Eugenia Ave.
Cortland Ave.
Coleridge St.
Elsie St.
Andover St.
Tompkins Ave.
Holly Park

James Lick Frwy
Bayshore Blvd.
Southern Embarcadero Frwy
Napoleon St.
Jerrold
Toland St.
Barneveld Ave.
Oakdale Ave.
Palou Ave.
Quesada Ave.
Newcomb Ave.
McKinnon Ave.
Rankin St.
Phelps St.
Newhall St.
Mendell St.
Quint St.
Galvez
Fairfax Ave.
Evans Ave.
Cargo Way
Industrial St.
Silver Ave.
Alemany Blvd.
Folsom St.
La Salle Ave.
Hudson Ave.
Oakland Bay Bridge
San Francisco – Oakland Bay Bridge

101
280

Die Innenstadt von **San Francisco**. Die meisten Sehenswürdigkeiten sind zu Fuß zu erreichen.

Kalifornien ist mit einer Fläche von etwas mehr als 410 000 Quadratkilometern nach Alaska und Texas der drittgrößte Staat der Vereinigten Staaten und mit knapp 24 Millionen Menschen der bevölkerungsreichste. Er ist nach Iowa und Texas der drittgrößte Produzent landwirtschaftlicher Erzeugnisse in den USA, steht bei der Industrieproduktion an vorderster Stelle und zieht wegen seiner landschaftlichen Vielfalt – Wüste, Berge mit spektakulären Nationalparks und die grandiose Pazifikküste – die meisten Touristen an. Kalifornien wurde am 9. September 1850 der 31. amerikanischer Bundesstaat. Hauptstadt ist Sacramento.

Adressen

In der Bundesrepublik (auch zuständig für Österreich und die Schweiz) das Fremdenverkehrsamt der USA, Bethmannstraße 56, 6000 Frankfurt/Main 1, Telefon 069/29 52 11. In Kalifornien das Office of Visitor Services, State of California, P. O. Box 1499, Sacramento, California 95805.

Fast jede Stadt in Kalifornien hat ein Visitor Center oder ein Informationsbüro mit einer guten Auswahl meist kostenloser Broschüren. Regionalkarten, Veranstaltungskalendern und Unterkunftsverzeichnissen. In kleineren Orten übernimmt meist die Handelskammer (Chamber of Commerce) die Funktion des Touristikbüros.

Sehr gut ausgestattet (Ausstellungen, Filmvorführungen, didaktisch vorzüglich gestaltete geführte Wanderungen, oft auch lehrreiche Programme speziell für Kinder) sind auch die Informationszentren in den Nationalparks.

Anreise

Fast alle internationalen Fluglinien haben Verbindungen nach San Francisco und Los Angeles; von der Bundesrepublik aus zum Beispiel die Lufthansa und mehrere amerikanische Gesellschaften. Charterflüge bieten die Lufthansa-Tochter Condor und LTU an. Los Angeles ist der ideale Ausgangspunkt für die Wüstengegenden sowie für die Natio-

nalparks Yosemite und Kings Canyon/Sequoia, San Francisco für eine Reise entlang der Pazifikküste und in den noch recht urtümlichen Norden des Landes.

An der Grenze

Seit Juli 1989 brauchen Reisende aus der Bundesrepublik kein Visum mehr, wenn sie nicht länger als 90 Tage in den Vereinigten Staaten bleiben wollen. Zur Zeit gilt diese Regelung noch auf Probe, aber mit großer Wahrscheinlichkeit wird sie vom amerikanischen Kongreß verlängert.

Die Einreise- und Zollkontrolle ist immer bei der ersten Station auf amerikanischem Boden. Wer zum Beispiel in New York umsteigt, muß hier die Formalitäten erledigen. Geprüft wird im allgemeinen gründlich und manchmal auch umständlich. Streng verboten ist die Einfuhr landwirtschaftlicher Produkte (auch wer aus den Nachbarstaaten Oregon, Arizona und Nevada sowie aus Mexiko kommt, darf zum Beispiel kein Obst einführen) und von Betäubungsmitteln und Drogen.

Geld

Amerikanische Dollar-Noten sehen, unabhängig von ihrem Wert, alle gleich aus (Vorsicht beim Trinkgeld). Es gibt Noten im Wert von einem, fünf, zehn, 20, 50 und 100 Dollar. Der Umtausch von Fremdwährung, auch der DM, ist

Eine Gondel führt zum Mt. San Jacinto

nicht bei allen Banken (Öffnungszeiten im allgemeinen Montag bis Donnerstag von 10 bis 15 Uhr, Freitag von 10 bis 17 Uhr) möglich oder ist ein langwieriges, umständliches Verfahren. Zu empfehlen sind Dollar-Reiseschecks und Kreditkarten (Eurocard/Mastercard, American Express, Diners, Visa); nicht alle Kartensysteme werden überall akzeptiert. Am meisten verbreitet sind Mastercard und American Express.

Post und Telefonieren

Postämter erkennt man leicht am Sternenbanner vor dem Gebäude. Die Angestellten sind fast immer sehr freundlich und hilfsbereit. Hier sollte man Briefmarken kaufen, da sie aus dem Automaten teurer sind. Briefkästen sind blau lackiert.

Telefonieren kann man im Postamt nicht. Das gesamte Telefonsystem in den Vereinigten Staaten ist in der Hand privater Gesellschaften. Dafür sind von jedem Münzapparat aus Ferngespräche (Long distance calls), auch nach Übersee, möglich. Im allgemeinen wählt man die 0, woraufhin sich der Operator meldet, dem man die gewünschte Nummer sagt. Er nennt den Preis (für ein Drei-Minuten-Gespräch in die Bundesrepublik 6,80 Dollar (Stand Sommer 1990); man muß also einen großen Vorrat von 25-Cent-Stücken, den Quarters, bereithalten) und stellt die Verbindung her. Gebühren werden erst berechnet, wenn das Gespräch beginnt. Bei Inlands-Gesprächen ist auf den Area Code (Ortsvorwahl) zu achten.

In Amerika sind Telefonate kostenlos, wenn die Rufnummer mit 800 beginnt (etwa die von Fluggesellschaften, Autovermietungen und Hotel-Reservierungszentralen). Diese Regelung gilt jedoch meist nur innerhalb eines Staates und nicht für Ferngespräche.

Reisen im Land

Fast jede größere Stadt in Kalifornien verfügt über einen Flughafen, der entweder mit normalen Liniendiensten oder mit kleineren Zubringer-Flugzeugen zu erreichen ist (etwa Eureka, Monterey oder Santa Barbara). Bedeutende regionale Fluggesellschaften sind zum Beispiel Pacific Southwest Airlines und Western Airlines, die auch preisgünstige Flugpässe anbieten.

Bus

Die nationalen Busgesellschaften Greyhound (ermäßigte Bus-Pässe von sieben bis dreißig Tagen Gültigkeit; sie müssen in der Bundesrepublik gekauft werden) und Trailways (im Besitz von Greyhound) verbinden im Liniendienst die meisten kalifornischen Städte und fahren auch kleinere Orte regelmäßig an. Plätze müssen nicht vorgebucht werden; alle Reisende werden grundsätzlich befördert. Falls ein Bus einmal voll sein sollte, wird ein zweiter Wagen eingesetzt.

Auf längeren Strecken werden an Raststätten regelmäßig Pausen eingelegt. Die recht bequemen Busse sind mit Toiletten ausgestattet. Bei Nachtfahrten sollte man eine Decke mitnehmen.

Zug

Die Amtrak-Züge sind langsamer, aber bequemer als Busse. Plätze müssen meist im voraus reserviert werden; Buchungen werden telefonisch entgegengenommen. Die Züge haben Snackbars, Restaurants und Bars.

Die Eisenbahngesellschaft Amtrak bietet täglich Züge zwischen San Diego, Los Angeles, Oakland und Sacramento sowie von Oakland nach Reno (Nevada) und von Los Angeles nach Las Vegas (Nevada) an. Die »Coastal route« von Los Angeles nach Oakland über San Francisco und weiter bis Seattle (Washington) gilt als eine der landschaftlich schönsten Strecken Amerikas. Die größte Bewegungsfreiheit aber bietet zweifellos das Auto.

Auto

Sämtliche großen Mietwagenfirmen, zum Beispiel Hertz, Avis, Alamo, Rent-a-car, National, Budget oder Dollar sind in Kalifornien vertreten. Es empfiehlt sich, bereits in der Bundesrepublik einen Wagen zu reservieren, da dies im allgemeinen preisgünstiger ist – es sei denn, man hat am Ziel Zeit genug, um in den Zeitungen nach Sonderangeboten zu suchen. In der Regel gilt, daß die

In buntem Licht: Casino in Las Vegas

Wochenpreise sinken, je länger man den Wagen mietet.

Ratsam ist der zwar verhältnismäßig teure, aber Sicherheit bietende Abschluß einer Vollkasko-Versicherung (CD-Weaver). Alle anderen angebotenen Versicherungen sind dagegen nicht notwendig.

Wichtig ist ein Mietvertrag ohne Kilometerbegrenzung (unlimited mileage), da in Kalifornien recht große Strecken zurückzulegen sind.

Der nationale Führerschein ist gültig. Wer mit der Kreditkarte bezahlt, muß keine Kaution (sie beträgt 600 Dollar und mehr) hinterlegen. Nahezu alle Wagen haben automatisches Getriebe und Klimaanlage.

Die gleichen Bedingungen gelten auch für das Mieten von Campmobilen. Sie sind, vor allem in der Hochsaison, ohne Vorbuchung von der Bundesrepublik aus kaum zu bekommen.

Wer von Kalifornien aus einen Abstecher nach Mexiko plant, muß davon ausgehen, daß die meisten Mietwagenfirmen dies nicht gestatten, beziehungsweise den Abschluß einer gesonderten Versicherung verlangen. An der Grenze bei San Diego/Tijuana gibt es zahlreiche Büros, die diese anbieten.

Straßen und Verkehrsregeln: Wie überall in den Vereinigten Staaten ist das Straßennetz hervorragend ausgebaut. Schnell kommt man auf den autobahnähnlichen, aber meist recht reizlosen Interstate Highways voran. Die wichtigsten Nord-Süd-Verbindungen sind die Interstate 101 in Küstennähe von Los Angeles über San Francisco nach Oregon sowie vor allem die Interstate 5 von Los Angeles über Sacramento nach Oregon. Von Westen nach Osten verlaufen die Interstate 80 von San Francisco über Sacramento nach Reno (Nevada) und die Interstate 15 von Los Angeles nach Las Vegas sowie breite Regionalstraßen. In den Wüstengegenden sind sie oft meilenweit schnurgerade, an der Küste und in den Bergen jedoch sehr kurvenreich (300 Kilometer als Tagespensum sind dort schon verhältnismäßig viel).

Im allgemeinen gilt eine Höchstgeschwindigkeit von 55 Meilen (88 Kilometer) in der Stunde, auf manchen Highways neuerdings auch 65 Meilen (105 Kilometer), in den Städten zwischen 35 und 25 Meilen.

Unbedingt halten muß man vor und hinter Schulbussen, wenn diese stehen und die Warnlampen blinken. Fußgänger haben grundsätzlich Vorrang und sind sich dieses Rechts auch bewußt.

Die Polizei verfolgt alle Verstöße gegen die Straßenverkehrsordnung (stellenweise Überwachung aus der Luft) unnachsichtig und macht auch bei Europäern selten Konzessionen.

Parken ist nur in den Innenstadtbereichen von San Francisco und Los Angeles ein Problem. Die farbigen Markierungen an den Randsteinen haben folgende Bedeutung: Rot – absolutes Parkverbot; Gelb – nur Be- oder Entladen erlaubt; Weiß – nur Halten zum Ein- oder Aussteigen; Grün – zeitlich begrenztes Parken; Blau – Parken nur für Behinderte. In San Francisco ist es wegen der Steigungen beim Parken in den steilen

Das Paul-Getty-Museum in Malibu

Straßen Pflicht, die Räder zum Rinnstein hin einzuschlagen (die Polizei achtet darauf). Bei Fahrten durch die Wüste ist ein Reserve-Kanister mit Wasser zu empfehlen; im Gebirge ist oft schon im Oktober und noch im Mai mit überraschenden Schneefällen zu rechnen.

Tanken: Tankstellen gibt es reichlich, mit Ausnahme der Wüsten. Verkauft wird fast ausschließlich bleifreies Benzin. Meist muß bar und neuerdings häufig vor dem Tanken an der Selbstbedienungssäule bezahlt werden. Außer den Kundenkarten einzelner Öl-Firmen werden keine Kreditkarten akzeptiert. Der Tankwart erhält kein Trinkgeld.

Bevorzugte Wohnlage in Monterey

Unterkünfte

Für die erste Nacht nach der Ankunft in Kalifornien (die meisten Maschinen aus Europa landen am frühen Nachmittag Ortszeit) empfiehlt sich ein Hotel in Flughafennähe. Sowohl in San Francisco wie in Los Angeles steht eine große Auswahl zur Verfügung. Die meisten haben eigene Zubringerbusse.

Im Land ist vom Luxushotel bis zum einfachen Motel alles vertreten. Zu den preiswertesten Motel-Unterkünften gehören die Motel 6 (über neunzigmal in Kalifornien), etwas höheren Standard haben die Travelodge Motels (über 150). Motels liegen meist an den Ein- und Ausfallstraßen beziehungsweise am sogenannten Business-Loop (gut beschilderte Umgehungsstraße).

Der Preis für ein Motel-Zimmer ist weniger von der Ausstattung abhängig (sie ist überall sehr ähnlich), sondern davon, ob ein Restaurant oder ein Swimmingpool zur Verfügung stehen. In Motels gibt es kaum Service.

Überall in Kalifornien findet man die Häuser der Hotelketten wie Hilton, Sheraton oder Marriot sowie die unter dem Zeichen Best Western zusammengeschlossenen Hotels und Motels. Etwas kompliziert ist das Rabattsystem: In Orten mit viel Geschäftsbetrieb sind Zimmer am Wochenende billiger und unter der Woche teurer, in Feriengebieten ist es genau umgekehrt.

In jüngster Zeit sind die Bed-and-Breakfast-Inns in Kalifornien sehr modisch geworden, meist in stilvoll restaurierten und originellen alten Häusern (mit stattlichen Preisen). In ländlichen Gebieten findet man auch Farmen, die Gäste aufnehmen (Mindestaufenthalt meist eine Woche und nur im Sommer).

Vor allem entlang der Küste stehen über 25 Jugendherbergen zur Verfügung. In vielen werden auch Gäste aufgenommen, die nicht Mitglied des internationalen Jugendherbergswerks sind.

Besonders schön sind die direkt am Wasser stehenden Herbergen, vor allem das Montara Lighthouse Hostel und das Pidgeon Point Lighthouse Hostel bei Pescadero, beide etwas südlich von San Francisco. Home Hostels sind kleine Jugendherbergen in Privathäusern; sie sind gut geeignet, um kalifornisches Familienleben kennenzulernen.

Außerdem stehen in den Sommermonaten Unterkünfte in den Studentenwohnheimen der Universitäten zur Verfügung.

Überall findet man Campingplätze. Viele sind mit guten Service-Einrichtungen ausgestattet (zumindest Toiletten, Wasser und Feuerstellen). Billig sind die sogenannten »Hiker-Biker-Camps« für Wanderer und Radfahrer in den State Parks und National Parks.

Das leibliche Wohl

So vielfältig wie die in Kalifornien vertretenen Nationalitäten ist auch die Küche. Nach Süden hin liegt das Schwergewicht auf mexikanischen Gerichten. Natürlich gibt es auch die in Amerika üblichen Fast-Food-Restaurants mit dem typischen Hamburger, aber es überwiegen Lokale mit einem reichhaltigen Angebot an frischem Fisch, Gemüse und Früchten, oft sehr fantasievoll zubereitet. Vor allem an der Küste, in San Francisco, Santa Barbara oder Los Angeles, kann man hervorragend, aber meist nicht gerade billig essen.

Feste Essenszeiten sind in Amerika weniger verbreitet als in Europa – man ißt, wann und was man will. Lediglich in den besseren Restaurants sind Lunch- und Dinner-Time begrenzt (am Abend meist nur bis 22 Uhr). Überall gibt es Coffee-Shops für das Frühstück (fast nie im Zimmerpreis eingeschlossen), das man gut zu einer großen Mahlzeit ausweiten kann. Nicht alle Restaurants haben eine Lizenz für den Alkoholausschank. Ungewohnt für europäische Kehlen ist das leichte amerikanische Bier (zum Beispiel Budweiser, Miller oder im Süden das Dampfbier Anchor). Das Probieren wert sind die kalifornischen Weine, deren Qualität leicht am Preis zu erkennen ist. Vorsicht ist bei dem Angebot offener Weine mit dem Namen Chablis (weiß) und Burgundy (rot) geboten. Sie haben so gut wie nichts mit den französischen Namensvettern zu tun, sondern sind meist billige Massenproduktionen.

Trinkgeld

Für alle Dienstleistungen wird ein »Tip« erwartet. Das gilt für Taxifahrer, den Gepäckträger, das Hotelpersonal ebenso wie im Restaurant, wo im allgemeinen 15 Prozent des Rechnungsbetrages angemessen sind. In Restaurants ist das Trinkgeld oft die einzige Einnahmequelle des Service-Personals. Nur sel-

Eine der schönsten Küsten: Año Nuevo bei Pescadero

ten ist es bereits in die Rechnung eingeschlossen (service included).

Einkaufen

Obwohl die Ladenöffnungszeiten im allgemeinen zwischen 9 und 17.30 Uhr liegen (daran halten sich vor allem die großen Kaufhäuser in den Städten), gibt es keine festen Regeln. Viele Geschäfte haben an einem Tag in der Woche (meistens Donnerstag) bis 21 Uhr geöffnet, manche auch am Sonntag zwischen 12 und 18 Uhr. In Shopping Centers ist oft jeden Tag bis 21 Uhr offen.

Supermärkte, in denen Selbstversorger wie Camper alles Notwendige finden, sind oft sieben Tage in der Woche rund um die Uhr geöffnet. Günstig sind die großen Shopping Malls – fast jede Stadt hat eine oder mehrere – mit einer Vielzahl von Läden unter einem Dach. Im Grundsatz gilt, daß die Preise in den USA denen in der Bundesrepublik entsprechen, soweit die Waren im Lande selbst produziert werden. Günstiger sind Obst und Gemüse. Importe kosten oft erheblich mehr.

Dort, wo man das Schild »sale« findet, kann man preisgünstig einkaufen. Für den Schlußverkauf gibt es das ganze Jahr über Anlässe, etwa vor Feiertagen. Besonders Kleidung ist bei diesen Gelegenheiten günstig.

Auf alle Preise wird erst an der Kasse die California State Tax aufgeschlagen, ebenso bei der Zimmerrechnung (zur Zeit 6,5 Prozent, Stand Sommer 1990); Vorsicht also beim Preisvergleich.

Klima und Kleidung

Kalifornien gilt als das Sonnenland schlechthin, doch lassen die sehr unterschiedlichen topographischen Verhältnisse eine Einteilung des Landes in vier Zonen (und in den Sonderfall San Francisco) zu: in die Küste mit einer das ganze Jahr über behaglichen, durch die frischen Seewinde nie drückenden Wärme, dann in den kühleren, recht regenreichen Bereich nördlich von San Francisco bis zur Grenze von Oregon, zudem in die Bergregion der Sierra Nevada mit oft sehr früh einsetzenden Schneefällen und zum Schluß in die trockenheißen Wüsten mit Sommertemperaturen bis 50 Grad Celsius (im Death Valley).

In San Francisco steigt die durchschnittliche Jahrestemperatur kaum über 17 Grad, und selbst im Sommer kann es durch den Meerwind und plötzlich einfallende Nebel empfindlich kalt sein. Die Kleidung sollte diesen Verhältnissen angepaßt sein.

Auch bei einer Reise nach Kalifornien in den Sommermonaten sind ein Pullover oder ein leichter Mantel notwendig. Wer im Gebirge wandern will, braucht Anorak und Regenschutz.

Besondere Vorsicht erfordert das Wüstenklima. In der trockenheißen Luft schwitzt man wenig und verbraucht trotzdem viel Körperflüssigkeit. Es ist also geboten, regelmäßig und reichlich zu trinken. Wüsten-Wanderern gefährlich werden können die oft kräftigen und plötzlichen Regengüsse im Früh-

jahr, durch die trockene Canyons in Sekundenschnelle zu reißenden Sturzbächen werden.

Gesundheit

In Kalifornien drohen – außer einem Sonnenbrand – keine Gefahren für die Gesundheit. Alles ist geradezu klinisch sauber. Wer allerdings krank wird, muß, wie überall in den Vereinigten Staaten, mit hohen Kosten rechnen. Ein Besuch beim Arzt, der Transport mit dem Krankenwagen oder ein Krankenhausaufenthalt sind, verglichen mit der Bundesrepublik, sehr teuer. Zudem ist man überall Privatpatient, und die Kosten müssen sofort beglichen werden (Kreditkarten werden häufig akzeptiert). Es ist empfehlenswert, eine Reise-Krankenversicherung abzuschließen. Adressen von Ärzten und Apotheken findet man in den gelben Seiten der Telefonbücher.

Schwache Schmerzmittel erhält man im Drugstore oder – vor allem auf dem Lande – in einer Ecke des Supermarktes, wo manchmal auch Rezepte eingelöst werden können.

In San Francisco hilft ein Anruf beim Medical Society Referral Service (Telefon 567-6234) beziehungsweise bei Zahnproblemen beim Dental Society Referral Service (Telefon 421-1435) weiter. Man wird weitervermittelt.

Sicherheit

Kalifornien ist ein sicheres Reiseland, und es sind keine Gefahren zu erwarten, solange man nicht von den üblichen Wegen abweicht. Einige grundsätzliche Regeln sind dennoch zu be-

Fast zugewachsen: Landschaft bei Big Sur

Prügelei wie im Western auf Knott's Berry Farm

achten: Es ist ratsam, keine Anhalter mitzunehmen. Eigentlich ist es verboten, per Anhalter zu reisen, doch die Polizei ist hier verhältnismäßig großzügig; in der Nähe von Gefängnissen warnen Schilder ausdrücklich davor, jemand vom Straßenrand aufzulesen. Vermeiden sollte man ferner nächtliche Spaziergänge in den Großstadtparks oder an abgelegenen Stränden. Nicht angebracht sind Streifzüge – gar mit Kamera – durch die Slumviertel und Barrios (Wohnbezirke der zugewanderten »Latinos«) von Los Angeles und San Francisco. Allgemein ist es empfehlenswert, keine größeren Geldsummen und wenig Schmuck bei sich zu tragen, das Gepäck nie unbeaufsichtigt zu lassen und nichts Verlockendes im Wageninneren zu deponieren.

Sprache

Niemand darf erwarten, daß in Kalifornien etwas anderes als Englisch gesprochen wird – selbst nicht in größeren Stadthotels. Die Amerikaner bemühen sich jedoch nach Kräften, Fremden behilflich zu sein, wenn sie sich falsch oder unbeholfen ausdrücken, und sie verzeihen alle grammatikalischen Fehler.

Zeitungen und Fernsehen

Eine Fundgrube sind die regionalen und lokalen Zeitungen. Besonders die Wochenend-Ausgaben enthalten umfangreiche Teile mit Hinweisen auf Veranstaltungen, Restaurants, Sonderverkäufe und ähnlichem. Informationen über Ereignisse in der Welt wird man allerdings selten oder nur in kurzen Meldungen finden.

Amerika ist ein Fernsehland, und deshalb gehört ein Fernsehapparat zur Grundausstattung selbst des billigsten Motelzimmers. Oft sind zehn und mehr Programme zu empfangen: außer den großen Stationen wie CBS, NBC oder ABC sowie dem 24-Stunden-Sportsender ESPN etliche regionale Sender. Hinzu kommt HBO (Home Box Office), ein Kabel-Fernsehsender, der rund um die Uhr Filme ausstrahlt. In manchen Hotels werden zusätzlich über ein hauseigenes System Video-Filme angeboten.

Fotografieren

Es ist sinnvoll, ausreichend Filmmaterial mitzubringen, da die Preise etwas höher sind als in der Bundesrepublik.

Elektrische Geräte

In den Vereinigten Staaten ist die Stromspannung 110 bis 115 Volt. Geräte wie Föhn oder Rasierapparat deutscher Herkunft müssen also umschaltbar sein. Es können nur Stecker mit zwei flachen Polen verwendet werden. In manchen Hotels gibt es inzwischen allerdings kombinierte Steckdosen mit dem europäischen System. Notwendig ist ein Adapter, den man im Reisegepäck haben sollte, denn in Amerika ist er nur selten zu finden.

Feiertage

Offizielle Feiertage, an denen alle Behörden und die meisten Geschäfte geschlossen bleiben, sind der 1. Januar, der 15. Januar (Geburtstag von Martin Luther King), der dritte Montag im Februar (Geburtstag von George Washington), der letzte Montag im Mai (Memorial Day), der 4. Juli (Unabhängigkeitstag), der erste Montag im September (Labour Day) – zwischen diesen beiden Tagen liegt die Hauptreisezeit der Amerikaner –, der 9. September (Jahrestag der Aufnahme Kaliforniens in die Vereinigten Staaten), der zweite Montag im Oktober (Kolumbus-Tag), der 11. November (Veteranentag), der vierte Donnerstag im November (Erntedankfest) und der 25. Dezember. Kirchliche Feiertage gibt es nicht.

Veranstaltungen

Feste werden in Kalifornien das ganze Jahr über gefeiert. Besonders reizvoll sind oft die ländlichen Veranstaltungen, bei denen manchmal noch etwas Wildwest-Atmosphäre zu spüren ist, vor allem während der Rodeos im Juli und August. Größere Ereignisse sind: Am Neujahrstag die Tournament of Roses Parade, ein Umzug mit blumengeschmückten Wagen (Pasadena/Los Angeles) und am 24. Januar der Gold Discovery Day in Coloma; Ende Januar/Anfang Februar (abhängig von der Mondbewegung) das chinesische Neujahrsfest mit lauten, farbenprächtigen Feiern (San Francisco); im März das Dixieland Jazz Festival in Sacramento und in San Juan Capistrano die Fiesta de las Golondrinas, die Rückkehr der Schwalben zur alten Mission; an den beiden letzten Wochenenden im April das japanische Kirschblütenfest (San Francisco); am 5. Mai, dem Tag der Unabhängigkeit, die mexikanische Fiesta im Pueblo von Los Angeles; am vorletzten Mai-Wochenende das Jazz Festival auf dem Campus der Universität von Berkeley und das Russian River Wine Festival in Santa Rosa; im Juni die »Lola Montez Extravaganza« in Nevada City (Mitte des Monats), ein buntes Fest mit Musik und Shows, ferner das National Shakespeare Festival im Balboa Park von San Diego und in San Francisco der Gay Freedom Day mit turbulenten Umzügen (letztes Wochenende).

Die Robben im Año Nuevo State Park sind beliebte Fotomotive

Im Juli das Carmel Beach Festival, das California Rodeo in Salinas sowie zahlreiche landwirtschaftliche Ausstellungen, immer umrahmt von Jahrmarktstreiben; im August die Old Spanish Days in Santa Barbara und die California State Fair in Sacramento, die größte Landwirtschaftsausstellung in Kalifornien; im September die »Los Angeles County Fair« in Pomona (bis Anfang Oktober), das Monterey Jazz Festival (drittes Wochenende), das Valley of the Moon Vintage Festival in Sonoma, die Mendocino County Fair and Apple Show und die Danish Days in Solvang. Im Oktober werden überall im Land »Oktoberfeste« veranstaltet in dem Stil, den sich Amerikaner unter »bayerisch« vorstellen. Außerdem wird am 31. Oktober Halloween gefeiert, ursprünglich ein Fest für Kinder, heute aber Anlaß zu einem oft originellen und ausgelassenen Maskentreiben vor allem durch die Homosexuellen von San Francisco. In San Francisco zudem die Grand National Rodeo and Horse Show, die Columbus Day Parade und das International Film Festival.

Im November das Monterey Wine Festival, die »Doo Dah Parade« in Pasadena/Los Angeles, ein skurriler Umzug, und Anfang des Monats im Death Valley ein sehr fröhliches und urtümliches Fest mit Fiedlern und Eselsrennen; im Dezember (in der Woche vor Weihnachten) besonders spektakuläre Christmas-Shows und Umzüge in Disneyland, an den Wochenenden die »weihnachtlichen« Bootsparaden in Newport Beach sowie Christmas Parades in vielen kleinen Orten.

Vergnügungsparks

Die größten und bedeutendsten sind Knott's Berry Farm (Buena Park) und Disneyland (Anaheim), dazu Six Flags Magic Mountain (in Valencia), alle drei im Großraum Los Angeles. In der Umgebung von L. A. auch Lion Country Safari (südlich der Stadt in Irvine) und Marineland (in Palos Verdes).

In San Diego gibt es Sea World und den San Diego Wild Animal Park (in der Vorstadt Escondido), im Umkreis von San Francisco Marine World/Africa U.S.A. (Redwood City) und Great America (in Santa Clara) sowie der Boardwalk in Santa Cruz.

Sport und Spiel

Die klimatischen Bedingungen begünstigen vor allem die sportliche Betätigung im Freien, zunächst natürlich das Schwimmen im Pazifik (an den Strän-

Idyllisch: Picknick am Manzanilla Lake

den werden keine Gebühren erhoben, höchstens für das Parken des Wagens) und das Surfen. Im Norden ist das Wasser allerdings oft so kalt, daß ein Surfanzug erforderlich ist.

Surfbretter kann man im Raum Los Angeles und in San Diego überall ausleihen. An der gesamten Küste werden Motor- und Segelboote vermietet, besonders in der Bucht von San Diego und in Santa Barbara.

Es gibt im ganzen Staat viele öffentliche Tennis- und Golfplätze, dazu bieten Hotels eigene Anlagen (vor allem in Palm Springs und San Diego). Beliebt sind auch Fischen und Angeln. Abgesehen vom sogenannten Pier fishing von Hafenanlagen aus ist eine Fanglizenz (gegen Gebühr) notwendig.

Am meisten mit der Natur in Berührung kommt man beim Wandern. In den Nationalparks in der Sierra Nevada und in den State Parks von Nord-Kalifornien gibt es dafür unzählige Möglichkeiten von kurzen Rundwegen bis zu mehrtägigen Touren (etwa auf dem John-Muir-Trail, der sich durch die ganze Sierra Nevada zieht). Die für »Halbschuh«-Touristen geeigneten Wege sind alle sehr gut markiert, nicht dagegen Wege, die durch unberührte Wildnis führen. Wer mit dem Rucksack längere Zeit unterwegs sein will, braucht eine Erlaubnis zum Campen in der freien Natur. Man erhält sie bei den jeweiligen Rangerstationen, wo man auch Informationen über die Wetterlage und viele gute Ratschläge einholen kann. Das Anmelden ist auch wichtig, falls eine Suchaktion notwendig werden sollte.

Auch für Skifahrer hat Kalifornien viel zu bieten. Die Saison beginnt normalerweise Mitte November und dauert bis März. Die Zentren des Wintersports mit zahlreichen Liften und Flutlicht-Pisten konzentrieren sich in den Bergen um den Lake Tahoe. Berühmt sind der Olympiaort Squaw Valley, ferner Sugar Bowl, Heavenly Valley, Alpine Meadows und Homewood sowie auf dem Staatsgebiet von Nevada Incline und Slide Mountain. In all diesen Skigebieten gibt es auch – allerdings begrenzte – Unterkunftsmöglichkeiten. Alpin-Skifahren ist wegen der hohen Preise für Skipässe recht teuer. Dafür sind die Pisten immer hervorragend präpariert, und es gibt ein perfekt entwickeltes System (Ski Patrol), um Skiunfälle möglichst zu vermeiden.

Register

(Seitenzahlen, die auf Infoseiten hinweisen, sind **fett** gedruckt)

Alpine Meadows **112**
Anacapa **100**
Anaheim 76, 78, **112**
Anza Borrego State Park 63, **64,** 65, **90**
Año Nuevo State Park 47, **52,** 97

Barstow **64**
Berkeley 9 f, 36 f, **40**
Big Sur 97, **99, 110**
Bodega Bay 15, 18, 21
Bodie 8, 46 f, **52,** 53
Buena Park 78
Buena Vista 16, 19

Calico 62, **64**
Carmel 97, **99, 112**
Carson City **24**
Casa Grande (Burg) 19
Channel Island National Park **100**
Chicago 61, 72
Coloma **111**
Columbia 10, 22
Crescent City 21

Death Valley National Monument 6, 11 f, **52,** 56 ff, **64,** 65, **110**
Del Norte Coast State Park 47
Downieville 8, 20

Eldorado **24**
Ensenada **90**
Eureka 18, 21, **24, 52, 107**

Felton **99**
Ferndale 21
Fort Bragg 21, **24**
Fort Ross 16 f, **24**
Frankfurt **107 f**
Fresno **52**

Gaviota Pass **100**
Grand Canyon National Park 49, **52, 64**
Guadalupe **100**

Hangtown (Placerville) **24**
Heavenly Valley **112**
Homewood **112**
Hoover Dam **64**

Irving **112**

Joshua Tree National Monument 6, 60, **64,** 65

Kelso 60
Kings Canyon National Park 48 ff, **52**
Klamath **24**

La Purissima Conception (Mission) **90, 100**
Lake Mead **64**
Lake Tahoe 15, 20 f, **24, 112**
Las Vegas 12, 57, 63, **64, 108**
Lassen Volcanic National Park 20, 47, **52**
Lee Vining 45, **52**
Leggett 19
Lompoc **100**
Lone Pine **52**
Los Angeles 11, 51, 61, **64,** 66 ff, **79 f,** 87, 89, 101, **107 ff**

Madrid 85
Malibu 10, 98, **100,** 101
Manzanilla Lake 20
Mendocino 15 f, 21, **24, 112**

Mojave 57, **64**
Mokelumne Hill **24**
Mono Lake 11, 46 f, 51, 53
Montana de Oro State Park **99**
Montara 95, **109**
Monterey 85, 93 ff, **99, 107 f, 112**
Morro Bay 13, 98, **99**
Mount Shasta 21
Mount Whitney **52**
Muir Woods National Monument 6, **24,** 49, **52**

Napa Valley 14 f, 21 ff, **24**
New York 45, 71, **107**
Newport Beach **112**
Nuestra Senora de Soledad (Mission) **90**

Oakland 35 ff, **39 f, 108**
Orange County 76, 78, **80,** 81
Orick 25

Palm Springs 11, **52,** 62 f, **64,** 65, **112**
Palos Verdes **112**
Panamint City 61
Paradise Valley 21
Pasadena **111**
Pescadero 95, **109 f**
Petaluma 19
Petersburg 17
Pismo Beach **100**
Placerville (Hangtown) **24**
Point Lobos State Reserve 97, **99**
Point Reyes National Seashore 18 f, 21, **24,** 40, **52**
Ponoma **112**
Port Hueneme **100**

Redding 20, **24, 52**
Redwood City **112**
Redwood National Park **24**
Reno **24, 108**
Rhyolite 8
Richmond **40**
Rio de Janeiro 29
Rock Canyon State Park **64**

Sacramento 7 f, 15, 22 f, **24, 107 f, 111 f**
Salmon Creek 6
Salt Lake City **64**
San Antonio de Padua **90**
San Buenaventura **90, 100**
San Carlos Borromeo de Carmelo (Mission) **90,** 96
San Diego 8 f, **65,** 83 ff, **90, 108, 111 f**
San Diego de Alcala (Mission) 85, 89, **90**
San Fernando Rey de España (Mission) **90**
San Francisco 4, 8, 16 f, 19, 21, **24,** 27, 28 ff, **39 f,** 41, 47, **52,** 69 f, 87, 89, 95, **101, 107 ff**
San Francisco de Asis (Mission) **90**
San Francisco de Solano (Mission) 19, **24, 90**
San Garbiel Arcangel (Mission) 77, **90**
San Joaquin 11
San José (Mission) **90**
San José **40**
San Juan Bautista (Mission) **90**
San Juan Bautista 10, 94
San Juan Capistrano (Mission) **90**
San Luis Obispo (Mission) **90**
San Luis Obispo **90, 99**
San Luis Rey de Francia (Mission) 89, **90**
San Mateo **40**
San Miguel Arcangel (Mission) **90**
San Quentin **40**
San Rafael **40**
San Rafael Arcangel (Mission) **90**
San Simeon 97, **99**
Santa Barbara (Mission) **90, 100**
Santa Barbara 10, **90,** 98, **100, 107, 112**
Santa Clara **112**
Santa Clara de Asis (Mission) **90**
Santa Cruz (Mission) **90**
Santa Cruz **52, 90,** 93 ff, **99,** 101, **112**
Santa Ines (Mission) **90**
Santa Rosa 16, **24, 111**
Sausalito 12, 13, **24,** 38, **40**
Sequoia National Park 48 ff, **52**
Sitka 17
Solvang **100, 112**
Sonoma 19, **24**
Sonora **24**
South Lake Tahoe **24**
Squaw Valley **24, 112**
St. Helena 16, **24**
St. Joaquin Valley 22
Sugar Bowl **112**

Tassajara 97
Tiburon **40**
Tijuana **90, 108**

Venice 10
Ventura **100**
Virgina City **24**

Weaverville 20
Willits **24**
Winchester 94

114 Yang-na 71
Yellowstone National Park 44, 47, **52**
Yosemite National Park II, 42 ff, **52**
Yountville **24**

Missionen

La Purissima Conception **90, 100**
Nuestra Senora de Soledad **90**
San Antonio de Padua **90**
San Buenavertura **90, 100**
San Carlos Borromeo de Carmelo **90, 96**
San Diego de Alcala 85, 89, **90**
San Fernando Rey de España **90**
San Francisco de Asis **90**
San Francisco de Solano 19, **24, 90**
San Garbiel Arcangel 77, **90**
San José **90**
San Juan Bautista **90**
San Juan Capistrano **90**
San Luis Obispo **90**
San Luis Rey de Francia 89, **90**
San Miguel Arcangel **90**
San Rafael Arcangel **90**
Santa Barbara **90, 100**
Santa Clara de Asis **90**
Santa Cruz **90**
Santa Ines **90**

Naturreservate

Anza Borrego State Park 63, **64,** 65, **90**
Año Nuevo State Park 47, **52,** 97
Channel Island National Park **100**
Death Valley National Monument 6, II f, **52,**
56 ff, **64,** 65, **110**
Del Norte Coast State Park 47
Grand Canyon National Park 49, **52, 64**
Joshua Tree National Monument 6, 60,
   64, 65
Kings Canyon National Park 48 ff, **52**
Lassen Volcanic National Park 20, 47, **52**
Muir Woods National Monument 6, **24,**
   49, **52**
Point Lobos State Reserve 97, **99**
Point Reyes National Seashore I8 f, 2I, **24,**
40, **52**
Redwood National Park **24**
Rock Canyon State Park **64**
Sequoia National Park 48 ff, **52**
Yellowstone National Park 44, 47, **52**
Yosemite National Park II, 42 ff, **52**

Bereits erschienen

1 Türkei – Südküste
2 Kalifornien

In Vorbereitung

3 Tunesien
4 Thailand
5 New York

Titelbild: Cable Car in der California Street, San Francisco

Impressum

© 1990 für den gesamten Inhalt, soweit
nicht anders angegeben, by HB Verlags-
und Vertriebs-Gesellschaft mbH,
Alsterufer 4, Postfach 30 06 60,
2000 Hamburg 36,
Telefon 040/41 51 - 850,
Telefax 040/41 51 - 32 31.
Geschäftsführer:
Kurt Bortz, Dr. Joachim Dreyer, Eike
Schmidt

Redaktion und Produktion:
Harksheider Verlagsgesellschaft mbH,
Fabersweg 1, Postfach 52 49,
2000 Norderstedt,
Telefon 040/5 23 40 75,
Telefax 040/5 23 40 56
Redaktion:
Ulrike Klugmann (verantwortlich)
Siebo Heinken

Zusätzliches Fotomaterial:
Siebo Heinken (S. 4/5, Golden Gate Bridge)

Grafische Gestaltung:
Gerhard Keim, Frankfurt/Main
Kartografie:
RV Reise- und Verkehrsverlag GmbH,
Stuttgart (S. 102, 103, 104, 106)
Studio für Landkartentechnik, Norderstedt
Alle Angaben im Reiseteil ohne Gewähr.
Nachdruck, auch auszugsweise, nur mit
ausdrücklicher Genehmigung des Verlages.
Erscheinungsweise: zweimonatlich

Vertrieb Zeitschriftenhandel:
PARTNER PRESSE VERTRIEB GMBH
Widmaierstraße 110, 7000 Stuttgart 80,
Telefax 07 11/7 28 84 10, Telex 7 255 949
Vertrieb Abonnement und Einzelhefte:
ZENIT PRESSEVERTRIEB GMBH,
Widmaierstraße 110, 7000 Stuttgart 80,
Telefon 07 11/7 20 05 - 97,
Telefax 07 11/7 28 84 10, Telex 7 255 949

Anzeigenalleinverkauf:
KV Kommunalverlag GmbH,
Arabellastraße 4/XII, Postfach 81 05 65,
8000 München 81,
Telefon 089/92 80 96 - 17,
Telefax 089/92 80 96 - 20,
Teletex 17898397 komver

Satz: Lübecker Fotosatz GmbH, Lübeck
Reproduktionen:
Otterbach Repro GmbH & Co., Rastatt
Druck und buchbinderische Verarbeitung:
KLETT DRUCK H. S. GmbH, Korb
Printed in Germany

ISBN 3 - 616 - 06402 - 3